하나님이 사랑하시는 소중한 딸
_____에게
이 편지를 전합니다.

『딸아, 너는 나의 보석이란다』는 우리가 누구인지, 우리의 정체성을 쉽게 성경적으로 알려준 책으로, 즉 구속사적으로 구원의 여정을 노래합니다.
『딸아, 너는 나의 신부란다』는 하나님의 자녀로서 우리가 어떻게 매일 주님과 동행하며 이 땅에서 순례자로 살아야 하는지를 알려줍니다. 즉 구속사적으로 성화의 여정을 노래하는 책이라 생각합니다.
이 여정을 시적으로 잘 표현하여 세상의 거친 언어로 상처받고 하나님의 자녀이지만 정체성이 확고하지 않아 헤매는 성도들을 위로하고, 하나님의 자녀로서의 정체성을 세워주는 보약과 같은 책입니다. 이 책을 읽고 나니 보약 한 재를 먹은 것 이상의 효능이 있습니다.
우리가 천성을 향하여 걸어가는 이 세상에서의 삶이 고단하고 피곤하고 힘들지만 매일 한 장씩 나에게 읽어주면 세상으로부터 받은 상처와 오물들을 씻어 내주는 위로의 책이라고도 생각하여 강추합니다.

_이혜숙(대한기독간호사협회 사무총장)

『딸아 너는 나의 신부란다』 이 책은 제목부터 하나님 아버지에 대한 감사를 고백하게 됩니다. 고아이고 죄인인 저를 신부로 불러 주시고 가장 귀한 보석처럼 사랑해 주시는 주님의 마음이 책 한 장 한 장을 넘기면서 더 깊이 와닿았습니다.
주님은 내가 힘들어 좌절될 때, 혼자라 느껴질 때도 언제나 함께해 주셨고 저를 위로해 주시고 안아 주심을 다시 한번 깨닫고 감사하게 되었습니다.
주님은 제 평생의 연인이고, 신랑이고 모든 것임을 고백합니다. 주님의 깊은 사랑을 잊고 외로움에 홀로라 느끼는 분들께 책을 추천해 드립니다.

_송정미(CCM 아티스트, 찬양사역자연합회 회장)

"세상은 네가 향유할 너의 것이다. 네 눈을 열고 주변을 돌아봐라"
딸아이는 취업을 앞두고 조급증이 눈에 띄게 드러나고, 연이은 실패로 패배의식에 빠졌습니다. 겨우 들어간 회사에서도 출신 지역과 성별에 의한 차별을 경험하면서 자꾸만 작아져 갔습니다. 그것을 보는 나는 어떤 조언을 해주어야 할지 몰랐습니다. 『딸아 너는 나의 신부란다』를 그때 알았다면 조금은 지혜롭게 답해 줄 수 있지 않았을까요? 딸이어서 불행하거나 부족한 것이 아니라, 존재만으로도 얼마나 소중한지를 이 책은 말씀해주고 있습니다. 살아남아야 하는 경쟁에서 자신의 존재마저 부정될 때 이 책을 펼쳐 들고 목차만이라도 읽어보기를 권합니다. 한 페이지 한 페이지 천천히 읽어보십시오. 아니 적어 봐도 좋습니다. 짧지만 강한 정언(正言)을 통해 마음에 확신이 차오르고, 주님께서 보내신 당신을 향한 러브레터임을 알게 됩니다. 한 장 한 장 읽어갈 때마다 영혼을 어루만지고, "너는 존귀한 자"라고 속삭이시는 그분을 만날 수가 있습니다. 자존감이 무너진 자매에게, 삶에 지친 이 세상 모든 딸에게 귀한 선물로 적극 추천합니다.

_후우카 김(『그럼에도 눈부신 계절』 저자)

딸아, 너는 나의 신부란다

| 영한대조 |

His Princess Bride

Copyright © 2008 by Sheri Rose Shepherd
Originally published in English under the title *His Princess Bride*
by Revell, a division of Baker Publishing Group,
Grand Rapids, Michigan, 49516, U.S.A.

This Korean Edition Copyright © 2022 by Abba Book House, Seoul,
Republic of Korea.

All rights reserved.

이 책의 저작권은 Baker Publishing Group과 독점 계약한 아바서원에 있습니다.
신저작권법에 의해 한국 내에서 보호를 받는 저작물이므로 무단전재와 복제를
금합니다.

*성경 인용은 주로 [새번역]과 [NLT]에서 했으며 다른 번역본은 별도 표기했습
니다.

딸아,
너는 나의
신부란다

His Princess Bride: Love Letters from Your Prince

| 영한대조 |

세리 로즈 셰퍼드 지음
홍병룡 옮김

아바서원

차례

감사의 말 _11
들어가는 글 _12

나는 너의 영원한 남편이다 _14
너는 참 아름답다 _18
나와 함께 춤을 추자 _22
나는 늘 너를 사랑할 거야 _26
오늘 하루를 나에게 다오 _30
내 어깨에 기대고 울어라 _34
내가 너를 구출해줄게 _38
나에게 노래를 불러라 _42
너의 필요를 채워줄게 _46
나는 너의 반석이다 _50
나는 약속을 늘 지킨다 _54

나는 항상 너를 생각한다 _58
너를 인도해주고 싶다 _62
너를 위해 싸우겠다 _66
내가 어떻게 해줄까? _70
내가 불빛을 비춰줄게 _74
나와 함께 쉬어라 _78
내가 너를 지켜줄게 _82
네가 부르면 언제든지 달려갈게 _86
너의 세계를 아름답게 채색해줄게 _90
너에게 날개를 달아줄게 _94

절대로 너를 떠나지 않을 거야 _98
너를 축복해줄게 _102
내 천사들을 보내줄게 _106
네가 아플 때는 내가 돌봐줄게 _110
너의 길을 찾도록 도와줄게 _114
나와 함께 기뻐해라 _118
내가 너를 덮어주었다 _122
너는 나에게 매우 귀중하다 _126
내가 베일을 벗겨줄게 _130
네 속의 폭풍을 잔잔케 해줄게 _134
너에게 새로운 안목을 줄게 _138
나와 함께 꿈을 꾸자 _142
너는 영원한 기쁨을 알게 될 거야 _146
나와 함께 음식을 먹자 _150

굿 모닝, 내 사랑아 _154
나를 떠나지 말아라 _158
네 선물을 열어봐라 _162
나는 항상 여기에 있었다 _166
너의 전부를 나에게 다오 _170
생명의 길을 보여줄게 _174
모두 너를 위한 것이다 _178
너는 나의 보석이다 _182
너의 짐을 져줄게 _186
나와 하나가 되어라 _190
너의 저택을 준비하고 있다 _194
준비해라, 나의 신부야 _198

나가는 글 _202

감사의 말

이 책이 출판되는 데는 나의 남편 스티브 진 세퍼드의 사랑과 지원, 친구 킴버 앤 앵스트롬, 유능한 편집인 로니 헐 뒤퐁의 손길이 반드시 필요했다.

나의 아름다운 딸 에밀리 죠이 세퍼드와 나의 귀한 어머니 캐롤 굿맨에게 이 책을 바치고 싶다.

나를 위해 기도해준 모든 사람에게 감사드리고, 특히 론다, 수, 앤나, 로셸, 수잔, 팸, 잰에게 사의를 표한다.

그리고 나에게 보물과 같은 "딸아" 사역 팀에게 고마움을 전하고 싶다. 여러분의 열심과 수고에 진심으로 감사하는 바이다.

들어가는 글

앞서 우리는 왕이 보내는 메시지를 들었는데… 이제는 왕자의 메시지를 들을 때가 되었다.

내가 『딸아, 너는 나의 보석이란다』를 쓴 지 오 년이나 흘렀다니 도무지 믿기지 않는다. 그 책이 그토록 많은 여성의 손에 들리고 여러 언어로 출판될 줄은 꿈에도 생각하지 못했다. 그 책을 통해 우리의 아버지가 왕 중의 왕이고, 우리는 그분의 공주라는 것을 알았다.

이제는 또 다른 진리의 보물을 열어볼 때가 되었다. 우리는 또한 그리스도의 신부라는 진리다. 당신이 당신의 연인과 열렬한 관계에 들어갈 준비가 되었다면, 그리고 당신의 왕자가 속삭이는 소리, 즉 그분의 말씀을 통해 영원한 진리를 속삭이는 그 소리를 듣고 싶었다면… 이 책은 당신을 위한 것이다.

지식을 초월하는 그리스도의 사랑을 알게 되기를 빕니다. 그리하여 하나님의 온갖 충만하심으로 여러분이 충만하여지기를 바랍니다. (에베소서 3:19)

나는 너의 영원한 남편이다

나의 영원한 신부야,

너에게 신성한 비밀을 알려주고 싶다. 나는 너의 하나님이지만 너의 영원한 남편이기도 하단다. 내가 곧 와서 너를 문지방 너머 영원으로 데려갈 거야. 나의 공주야, 내 신부야, 나는 네 눈에서 베일을 들어 올려 네가 정말로 누군지를 보게 하고 싶다. 나는 네 영혼을 사랑하는 연인이란다. 네게로 가까이 가서 너를 향한 나의 영원한 사랑을 살짝 보여주길 갈망한다. 네가 네 마음을 다해 나를 찾으면 내가 특별한 방법으로 나 자신을 네게 보여줄게. 네가 나에게 와서 부탁만 하면 내가 네 마음에 새로운 소망을 줄게. 그러면 너는 새로운 관점으로 나와 너 자신, 그리고 주변 세계를 보게 될 거야.

사랑한다.
너의 창조주이자 남편

너를 지으신 분께서 너의 남편이 되실 것이다. 그분의 이름은 만군의 주님이시다. 너를 구속하신 분은 이스라엘의 거룩하신 하나님이시다. 그분은 온 세상의 하나님으로 불릴 것이다. _이사야서 54:5

I Am Your Eternal Husband

My Eternal Bride

I want to reveal a sacred secret to you, My beloved. Although I am your God, I am also your eternal Husband. I will come soon to carry you over the threshold into eternity. My desire is to lift the veil from your eyes that you might see who you really are, My Princess, My Bride. I am the Lover of your soul. I long to get close enough to give you a glimpse of My eternal love for you. If you will seek Me with all your heart, I will reveal Myself to you in extraordinary ways. If you will come before Me and ask, I will give you a new hope in your heart that will change your view of Me, of yourself, and of the world around you forever.

Love,
Your Creator and Husband

The Lord All-Powerful, the Holy God of Israel, rules all the earth. He is your Creator and husband, and he will rescue you. _ISAIAH 54:5 CEV

나는 너의 영원한 남편이다

나의 주님이자 남편이여,

그 말씀을 들으니 얼떨떨해요. 나의 하나님이 영원한 남편이라니 생각만 해도 낯설고 놀랍습니다. 내가 그리스도의 신부라는 것은 너무나 엄청난 소식이거든요. 제발 베일을 벗겨주셔서 그대가 나의 왕자이고 내가 그대의 신부임을 보게 해주십시오. 주님은 내가 평생 갈망했던 유일한 참사랑이십니다. 그러니 오늘 내가 주님의 제단에 서서 내 마음과 내 영혼과 나의 모든 것을 드리기 원합니다. 내가 전심으로 주님을 찾을 때 나 자신도 발견하게 되기를 바랍니다.

사랑합니다.
그대의 신부

기뻐하고 즐거워하며 하나님께 영광을 돌리자. 어린 양의 혼인날이 이르렀다. 그의 신부는 단장을 끝냈다. _요한계시록 19:7

I Am Your Eternal Husband

My Lord and Husband

I am in awe. What a strange and wondrous thought to think of You, my God, as my eternal Husband. There is something so astonishing about discovering I am Your Bride, the Bride of Christ. Yes, I want You to lift the veil and let me see You as my Prince and me as your Princess Bride. You are the one true love my heart has longed for all my life. So today I stand at Your altar ready to surrender my heart, my soul, and all that I am.⋯May I find myself as I begin to seek You with all that is within me.

Love,
Your Princess Bride

Let us rejoice and be glad and give him glory!
For the wedding of the Lamb has come, and his bride has made herself ready. _REVELATION 19:7 NIV

너는 참 아름답다
I Think You're Beautiful

나의 아름다운 신부야,

너는 너무나 아름답다. 내가 너를 어떻게 바라보는지를 네가 한순간이라도 볼 수 있다면 좋으련만. 내가 너를 응시할 때는 곧 드러날 보물을, 곧 빛날 공주를, 곧 사랑받을 신부를 보는 듯하단다. 내 눈에 보이는 너를 정말로 사랑한다! 내가 너를 얼마나 아름다운 사람으로 보는지 네가 안다면 네가 다시는 불안해하지 않을 것이다. 내가 창조한 너의 아름다움은 나를 반영하는 것이란다. 너를 나의 형상으로 창조했으니 너의 영원한 아름다움이 하늘의 숨결임을 다시는 의심하지 말아라!

사랑한다.

너를 흠모하는 왕자

그리하면 임금님께서 그대의 아름다움에 사로잡힐 것입니다. 임금님이 그대의 주인이시니, 그대는 임금님을 높이십시오. _시편 45:11

My Beautiful Bride

You are so beautiful to Me. I wish for one moment that you could see what I see when I look at you. When I gaze at you, I see a treasure ready to be discovered, a princess ready to shine, and a bride ready to be loved. When I look at you⋯I love what I see! If you could grasp how beautiful you are in My eyes, then you would never feel insecure again. The beauty I created you to be is a reflection of Me, My love. I created you in My image, so never doubt again that your eternal beauty is a breath of heaven!

Love,
Your adoring Prince

For your royal husband delights in your beauty; honor him, for he is your lord. _PSALM 45:11

너는 참 아름답다
I Think You're Beautiful

나의 왕자님,

나를 주님의 형상을 반영하는 아름다운 사람으로 만들어 주십시오. 내 눈을 그대에게 고정하고 그대가 나를 보듯 나를 보게 해주십시오. 이제는 평생 그대의 신부로 살아갈 준비가 되었어요. 나의 참된 아름다움을 알아주는 분은 오직 주님밖에 없습니다. 그러니 제발 내 마음을 열어주셔서 내가 누군지를 밝혀주는 진리의 말씀을 받을 수 있게 해주세요.

사랑합니다.
나를 아름답게 보시는 그대의 신부

내가 이렇게 빚어진 것이 오묘하고 주님께서 하신 일이 놀라워, 이 모든 일로 내가 주님께 감사를 드립니다. 내 영혼은 이 사실을 너무도 잘 압니다. _시편 139:14

My Prince

I am ready to let You make me a beautiful reflection of who You are. Let me fix my eyes upon You that I may see myself as You see me. I am ready to walk through the rest of my life as Your Princess Bride. I no longer want anyone but You, my Lord and Prince, to define my true beauty. So please, open my heart that I may receive Your words of truth about who I really am!

> Love,
> Your Bride who loves how beautiful
> You make me feel

I praise you because I am fearfully and wonderfully made; your works are wonderful, I know that full well. _PSALM 139:14 NIV

나와 함께 춤을 추자

나의 신부야,

오늘, 네 심장이 나와 함께 춤을 추도록 초대해도 되겠니? 오직 나만 너의 슬픔을 춤으로 바꿔줄 수 있단다. 내가 준 너의 아름다움과 은혜를 보고 세상은 네가 나의 아름다운 신부임을 알게 될 거야. 네가 나와 함께 춤을 출 때는 나의 심장 박동에 따라 네가 움직이는 것을 느끼게 될 거야. 이제 댄싱 슈즈를 신을 때가 되었다, 나의 신부야. 내가 네 영혼을 위한 노래를 연주하도록 허락해다오. 지금부터 영원까지 나와 너의 심장 박동이 함께할 그 노래를!

사랑한다,
매력이 넘치는 왕자

주님께서는 내 통곡을 기쁨의 춤으로 바꾸어 주셨습니다. 나에게서 슬픔의 상복을 벗기시고, 기쁨의 나들이옷을 갈아입히셨기에 내 영혼이 잠잠할 수 없어서, 주님을 찬양하렵니다. 주, 나의 하나님, 내가 영원토록 주님께 감사를 드리렵니다. _시편 30:11~12

Dance with Me

My Princess Bride

May I invite you to let your heart dance with Me today? Only I can turn your mourning into dancing. I will give you the beauty and grace needed for the world to see that you are My Beautiful Bride. When you dance with Me, you will feel yourself move to the beat of My heart. It is time, My Bride, to put on your dancing shoes. Now allow Me, your Prince, to play a song, a song for your soul. A song that will make your heart beat with Mine now and throughout all eternity.

Love,
Your true Prince Charming

You have turned my mourning into joyful dancing. You have taken away my clothes of mourning and clothed me with joy, that I might sing praises to you and not be silent. O Lord my God, I will give you thanks forever!
_PSALM 30:11-12

나와 함께 춤을 추자

나의 왕자님,

내가 그대의 초대를 받다니 얼마나 큰 영광인지요. 내가 세상의 구원자와 함께 춤을 추도록 선택을 받았다니 도무지 믿을 수 없습니다. 오늘 내 심장을 그대의 손에 맡기고 그대의 초대를 수락합니다. 나는 주님의 심장 박동에 따라 움직일 준비가 되었어요. 믿음의 발걸음을 내디딜 준비가 되었어요. 내 평생의 모든 날에 그대와 함께 춤출 준비가 되었습니다.

사랑합니다.
다시 춤추고 싶은 그대의 신부

춤을 추면서 그 이름을 찬양하여라. 소구치고 수금을 타면서 노래하여라. _시편 149:3

Dance with Me

My Prince

What an honor, my Lord, I am truly overwhelmed by Your invitation. How could it be that I am chosen to dance with the Savior of the world? Today I place my heart in Your hands and say yes to Your invitation to dance. I'm ready to move to the beat of Your heart. I am ready to step out in faith. I am ready to dance with You all the days of my life.

Love,
Your Princess who wants to dance again

Let them praise his name with dancing And make music to him with tambourine and harp. _PSALM 149:3 NIV

나는 늘 너를 사랑할 거야

나의 신부야,

너는 내 마음을 사로잡았단다. 나는 늘 너를 사랑할 거야. 내가 너를 처음 생각했던 순간부터 너를 사랑하고 흠모했다. 이 사랑은 결단코 끝나지 않고 내 마음에 늘 품고 있단다. 네가 평생 살아가는 동안 내가 너를 극진히 사랑한다는 사실을 잊지 말아라. 나의 애정을 얻기 위해 굳이 노력할 필요는 없다. 네가 무슨 말이나 무슨 행동을 하든지 너를 생각하는 내 마음은 변함이 없기 때문이다. 나는 네가 고귀한 신부가 되도록 너를 선택했단다. 네 영혼이 내 속에 자리 잡고 나와 하나가 된다면, 내가 영원히 또 항상 너에게 헌신한다는 것을 너는 전혀 의심하지 않게 될 것이다.

사랑한다.
끊임없이 너를 사랑하는 왕자

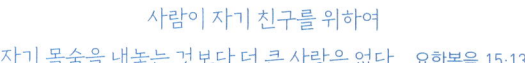

사람이 자기 친구를 위하여
자기 목숨을 내놓는 것보다 더 큰 사랑은 없다. _요한복음 15:13

I Will Always Love You

My Princess Bride

You have captured My heart, My Princess. I will always love you. From the moment I dreamed you up, I loved and adored you. This love I have for you is never ending and ever present. My heartfelt desire is for you to walk through all your days knowing you are truly the love of My life. I never want you to feel you have to earn My affection; nothing you have said or done can or will ever change the way I feel about you. I have chosen you to be My precious Bride. If you allow your soul to settle into Mine and become one with Me, you will never doubt that I am forever and always devoted to you.

Love,
Your Prince Jesus who can't stop loving you

Greater love has no one than this, that he lay down his life for his friends. _JOHN 15:13 NIV

나는 늘 너를 사랑할 거야

나의 왕자님,

나를 늘 정결케 하는, 끝없는 그대의 사랑에 푹 잠기고 싶어요. 그런데도 나는 용서의 바다에서 나의 얼룩을 씻도록 그대에게 허용하지 않을 때가 종종 있습니다. 나는 사랑받을 자격이 없다고 느끼곤 합니다. 그래도 이제는 문지방을 넘어 그대와 친밀한 사랑의 관계 속으로 들어가고 싶어요. 그러니 그대의 생수를 나에게 흠뻑 퍼부어주셔서 내가 영원히 새로워지게 해주세요.

사랑합니다.
그대와 사랑에 빠지고 싶은 신부

주님, 주님께서 나의 간구를 들어주시기에,
내가 주님을 사랑합니다. _시편 116:1

I Will Always Love You

My Prince

How I long to bathe my soul in your never- ending, ever-cleansing love. Yet, many times I struggle to let You wash away my stains in Your sea of forgiveness. Somehow I feel I don't deserve to be loved, but here I am, ready to cross the threshold and enter into an intimate love relationship with You. Now pour Your living water over me, my Prince, and may I be forever refreshed by You alone.

Love,
Your Princess
who longs to fall in love with You

I love the Lord, for he heard my voice; he heard my cry for mercy. _PSALM 116:1 NIV

오늘 하루를 나에게 다오

나의 신부야,

나와 함께 가자. 그러면 내 눈에 비치는 세상을 너에게 보여주마. 네가 볼 만한 것이 무척 많으니 하나도 놓치지 말아라. 내가 너의 세계에 들어가게 되면, 너의 영은 보물 같은 진리의 속삭임을 듣게 될 거야. 지금 내 손을 너에게 내밀고 있다. 내 손을 잡고 오늘 내가 너의 길을 인도하게 해주겠니? 너와 함께 놀라운 모험의 길을 걷고 싶구나. 오늘 너에게 가까이 가서 사랑을 듬뿍 쏟아주고 싶을 뿐이다. 그러니 내 손을 꼭 잡고 절대로 놓지 말아라.

사랑한다.
너와 가까워지고 싶은 너의 주님

이날은 주님이 구별해 주신 날,
우리 모두 이날에 기뻐하고 즐거워하자.
_시편 118:24

Give Me Your Day

My Princess

Come away with Me, My beloved Bride, I am waiting to show you the world through My eyes. There's so much for you to see—don't miss it, My love. Let Me enter into your world and get close enough to whisper treasures of truth to your spirit. I am here extending My hand to you. Will you place your hand in Mine and let your Prince guide your way today? I want to take you on an extraordinary adventure with Me. I just want to be close to My Princess today, to love on you. It's about us today, so hold on tightly and don't let go.

Love,
Your Lord who wants to be near you

This is the day the LORD has made; let us rejoice and be glad in it. _PSALM 118:24 NIV

오늘 하루를 나에게 다오

나의 왕자 예수님,

세상의 구원자인 예수님과의 산책을 내가 어떻게 거절할 수 있겠어요? 그동안 그대와 가까이 걷지 않았던 많은 날을 생각하면 내 마음이 아픕니다. 그대는 아침마다 나를 기다리고 계시는데, 내가 그걸 잊어버릴 때는 그대의 마음도 아팠겠지요. 그 모든 날을 그대와 함께하지 않았던 나를 용서해주세요. 오늘부터는 그대를 나의 삶에 초대하고 싶습니다. 우리가 함께 이 삶의 길을 걸을 때 그대의 손을 꼭 잡는 것을 잊지 않게 해주세요. 주님, 사랑합니다.

사랑을 담아,
지금 그대를 초대하는 신부

주님, 주님께서 계시는 집을 내가 사랑합니다. 주님의 영광이 머무르는 그곳을 내가 사랑합니다. _시편 26:8

Give Me Your Day

My Prince Jesus

How could I refuse a walk with the Savior of the world? My heart breaks as I reflect on all the days I have missed out on walking closely with You. I imagine You waiting for me each morning, and how it must break Your heart when I forget You are here. Please forgive me for not inviting You to share all my days with me. Today I want to invite You into my day and all my tomorrows. May I never forget to hold Your hand as we stroll through this life together. I love You, Lord.

Love,
Your Bride who invites You now

I love your sanctuary, LORD, the place where your glorious presence dwells. _PSALM 26:8

내 어깨에 기대고 울어라
Cry on My Shoulder

나의 아름다운 신부야,

너는 결코 혼자가 아니란다. 내 사랑아. 네가 상처를 받으면 나도 상처를 받는다. 네가 나 없이 울고 있는 모습을 보면 내 마음이 너무 아프단다. 내가 너와 함께 여기에 있으니 눈물을 흘릴 때 너의 기댈 어깨가 되고 싶구나. 나도 깨어진 세상에서 살아보았단다. 이제 우리는 함께 모든 일을 겪게 될 거야. 나는 너의 깨어진 마음을 치유할 수 있고 또 치유할 것이다. 너에게 어둠의 시간이 닥칠 때는 내 이름 예수를 큰 소리로 불러라. 그러면 내가 너를 꼭 안아주마. 그러니 나에게 너를 사랑할 기회를 주겠니? 그러면 새날의 빛을 보고 기쁨을 다시 맛보게 해주겠다고 약속할게.

사랑한다.
네 눈물을 닦아줄 왕자

그분께서 네 입을 웃음으로 채워주시면
네 입술은 즐거운 소리를 낼 것이니. _욥기 8:21

My Beautiful Bride

You are never alone, My beloved. When you hurt, I hurt, and it breaks My heart to watch you cry without Me. I am here with you, desiring to be the shoulder your tears fall on. I too walked the world broken, My love. We will work through any and all things together, My Bride. I can and will heal your broken heart. Call out My name, Jesus, in your dark hours, and I will hold you. Will you give Me a chance to love you back to life again? I promise that you will see the light of a new day and joy will come again.

Love,
Your Prince who will wipe away your tears

He will once again fill your mouth with laughter and your lips with shouts of joy. _JOB 8:21

내 어깨에 기대고 울어라
Cry on My Shoulder

평화의 왕자님,

그대는 진실로 내 인생의 사랑입니다. 그대의 신부가 지금 그대에게 울부짖고 있습니다. 그래요, 내가 우는 동안 오셔서 나를 붙들어주세요. 그대에게 언제든지 나아갈 수 있어서 얼마나 위로가 되는지 몰라요. 내가 어둠 속에 홀로 있지 않다고 하시니 정말 감사합니다. 나의 주님이 하늘로부터 사랑스런 손길로 내 눈물을 닦아주신다니 정말 고마워요. 내가 다시 평안을 찾을 때까지 나를 꼭 안아주세요. 내가 아플 때는 그대에게 기도하는 것을 잊지 않게 해주세요.

사랑합니다.
늘 그대의 품에 안기고 싶은 신부

내가 고통 가운데서 주님께 부르짖고, 나의 하나님을 바라보면서 살려 달라고 부르짖었더니, 주님께서 그의 성전에서 나의 간구를 들으셨다. 주님께 부르짖은 나의 부르짖음이 주님의 귀에 다다랐다.
_시편 18:6

My Prince of Peace

You truly are the love of my life, and Your Bride is crying out to You now. Yes, come hold me while I cry. How it comforts my soul to have access to You anytime. I love knowing I am not alone in the dark. Thank You, my Prince, my Lord, for reaching down from heaven with Your loving hand and wiping away my tears. Hold me until all is well with my soul again. Remind me when I hurt that You are just a prayer away.

Love,
Your Bride who longs to be in Your arms always

But in my distress I cried out to the Lord; yes, I prayed to my God for help. He heard me from his sanctuary; my cry to him reached his ears.
_PSALM 18:6

내가 너를 구출해줄게

나의 귀한 신부야,

나는 너의 영웅이다. 네 생명을 구하기 위해 나는 이미 죽었단다. 내가 여기에 있는 이유는 네가 너무 지쳐서 절망의 바다에 빠져 죽지 않게 하고 너를 물가로 데려가기 위해서란다. 내가 네 영혼을 소생시켜서 네 발이 든든한 땅에 다시 설 수 있게 해줄게. 네가 나를 부를 때는 아무도 내가 너에게 가는 것을 막지 못할 거야. 나는 너를 위험에서 구출하는 것을 좋아한단다. 그러니 다음에 구출의 손길이 필요하면 나를 불러다오. 내가 갈게.

사랑한다.
너의 구원자

네가 물 가운데로 건너갈 때에 내가 너와 함께 하고, 네가 강을 건널 때에도 물이 너를 침몰시키지 못할 것이다. 네가 불 속을 걸어가도 그을리지 않을 것이며, 불꽃이 너를 태우지 못할 것이다.
_이사야서 43:2

I Will Come to Your Rescue

My Precious Bride

I am your hero. I have already died saving your life. I am here to rescue you from drowning in a sea of hopelessness and carry you to shore when you're too weary to swim. I will revive your soul and set your feet back on the solid ground. I will not let anything or anyone keep Me from coming to you when you call. I love to save you from harm, My love, so next time you need to be saved from trouble, call to Me, your Prince, and I will come.

Love,
Your Savior and Rescuer

When you pass through the waters, I will be with you; and when you pass through the rivers, they will not sweep over you. When you walk through the fire, you will not be burned; the flames will not set you ablaze. _ISAIAH 43:2 NIV

내가 너를 구출해줄게

나의 왕자 예수님,

나를 구해주는 영웅이 계시다는 말을 듣고 깜짝 놀랐습니다! 세상의 구원자가 나의 왕자가 되셨다니 나는 얼마나 복을 받은 사람인지요. 그리고 그대가 하늘에서 손을 뻗어 내가 절망의 바다에 빠져 죽지 않게 하신다는 것도 놀라운 소식입니다. 나에게는 정말로 그대가 필요해요. 내가 그대를 얼마나 사랑하는지는 이루 말로 표현할 수 없어요.

사랑합니다.
구출 받기를 좋아하는 공주

주님께서 높은 곳에서 손을 내밀어 나를 움켜잡아 주시고, 깊은 물에서 나를 건져 주셨다. _시편 18:16

I Will Come to Your Rescue

My Prince Jesus

I am amazed! I have a real hero who saves me! How did I get so blessed that the Savior of the world has become my Prince? How amazing it is to know that You reach down from heaven and save me from drowning in a sea of hopelessness. I really do need You to be my life preserver, Lord. There will never be words to express how much I truly love You.

Love,
Your Princess who loves to be rescued

He reached down from heaven and rescued me; he drew me out of deep waters. _PSALM 18:16

나에게 노래를 불러라

나의 신부야,

내 안에 있는 너의 삶은 한편의 교향곡이다. 이 순간 너는 작곡가인 내가 짓고자 하는 한편의 노래란다. 내 신부야, 네 찬송은 내 마음에 흐르는 음악이다. 나는 네가 나에게 노래할 때가 좋다. 네가 허락하기만 하면 내가 네 영혼 속에 평생 즐길 아름다운 멜로디를 심어줄게. 네 찬송은 너의 왕자에게 하나의 복이고, 네가 드리는 찬송의 제사로 인해 너는 복을 받게 될 것이다. 그러니 너의 귀한 입술을 열어라. 그러면 내가 네 노랫소리를 듣고 온 하늘도 그 기뻐하는 소리를 듣게 될 거야!

사랑한다.
하늘에서 노래를 듣는 왕자

내가 살아 있는 동안 나는 주님을 노래할 것이다. 숨을 거두는 그때까지 나의 하나님께 노래할 것이다. 내 묵상을 주님이 기꺼이 받아주시면 좋으련만! 그러면 나는 주님의 품 안에서 즐겁기만 할 것이다. _시편 104:33~34

Sing to Me

My Princess Bride

Your life in Me is a symphony. At this moment, you are a song ready to be written by Me, your composer. Your praise is music to My heart, My Bride. I love when you sing to Me, My beloved. If you will let Me, I will put a song in your soul that will be a sweet melody for you to enjoy all the days of your life. Your praise is a blessing to your Prince, and I will bless you for your sacrifice of praise. So open your precious lips, My love, and let Me hear you sing so all of heaven can hear you rejoice!

Love,
Your Prince who hears from heaven

I will sing to the Lord as long as I live. I will praise my God to my last breath! May all my thoughts be pleasing to him, for I rejoice in the Lord. _PSALM 104:33-34

나에게 노래를 불러라

나의 왕자님,

그대를 위해 찬양할 때는 내 마음이 날아오릅니다. 그대가 나를 위해 행하신 그 모든 일과 비교하면 찬양의 노래가 너무 소박하지만 말입니다. 그래도 그대를 향한 나의 깊은 사랑을 표현하고 싶어요. 그래서 내 찬송이 그대를 기쁘게 한다면 내 입술을 열고 마음을 다해 노래할게요! 그리고 나의 삶은 내 입술로 표현할 수 없는 멜로디가 되기를 바랍니다.

사랑합니다.
그대를 찬송하는 공주

주님, 나의 마음을 다 바쳐서 감사를 드립니다. 주님의 놀라운 행적을 쉼 없이 전파하겠습니다. 가장 높으신 주님, 내가 주님 때문에 기뻐하고 즐거워하며 주님의 이름을 노래합니다. _시편 9:1~2

Sing to Me

My Prince

My heart soars when I enter into praise for You, although somehow, a song of praise seems so simple compared to all You have done for me. But I long to express my deep love to You, my Lord. So if it is my praise that pleases You, I will open my lips and sing my heart out for an audience of one···You! And may my life become what my lips cannot say in a song of adoration.

Love,
Your Princess who praises You

I will praise you, Lord, with all my heart; I will tell of all the marvelous things you have done. I will be filled with joy because of you. I will sing praises to your name, O Most High. _PSALM 9:1-2

너의 필요를 채워줄게

나의 귀한 공주야,

너는 내 신부이니 필요한 것은 무엇이든 내게 부탁해도 된다. 예상치 못한 방법으로 내가 공급해줄게. 나는 네 영혼 깊숙한 곳에서 너를 만날 수 있단다. 네 마음에 소원을 품게 하는 이도 바로 나란다. 너는 내가 정말로 거기에 있다는 것을 믿기가 두려울 때도 있을 거야. 그래도 나는 거기에 있단다. 지금 네 삶의 모습이 어떻든지 나는 모든 것이 합력하여 네게 유익이 되도록 일하고 있다. 너를 돌보는 일을 말할 수 없이 기뻐하는 내 안에서 쉼을 얻어라.

사랑한다.
네게 필요한 것을 공급하는 왕자

너희가 내 이름으로 아버지께 무엇을 구하든 내가 그대로 행할 것이다. 이는 아들이 아버지께 영광을 돌려드리기 위해서다. 너희가 내 이름으로 무엇이든 구하면 내가 들어줄 것이다. _요한복음 14:13-14[필립스 성경]

I Will Meet Your Needs

My Precious Princess

As My Bride, you can ask Me for anything you need, and I will provide it for you in unexpected ways. I am the one who can meet you in the deepest part of your soul. I am the one who gives you the desires of your heart. I know sometimes you are afraid to believe that I am truly there, but I am. No matter what your life looks like right now, I am working all things together for your good. It is My pleasure to take care of you, so rest in Me, My beloved.

Love,
Your Prince and Provider

And I will do whatever you ask in my name, so that the Son may bring glory to the Father. You may ask me for anything in my name, and I will do it. _JOHN 14:13-14 NIV

너의 필요를 채워줄게

나의 왕자님,

이제껏 내가 그대의 자리를 차지해 나의 필요를 채우려고 노력했던 적이 많았습니다. 그런 나를 용서해주세요. 바로 지금 나의 미래를 그대의 손에 맡깁니다. 이제는 무슨 일이 있어도 그대의 보좌 앞에 나아가고 그대를 신뢰할 준비가 되었습니다. 오늘 나의 모든 두려움을 떨쳐버리고 새롭게 그대만을 믿고자 합니다. 그대는 내가 부탁하는 것 이상으로 공급해주실 줄 압니다.… 다시는 의심하지 않게 해주세요.

사랑합니다.
그대를 믿는 공주

나의 하나님께서 자기의 풍성하심을 따라 그리스도 예수 안에 있는 영광으로 여러분에게 필요한 것을 모두 채워주실 것입니다.
_빌립보서 4:19

I Will Meet Your Needs

My Prince

Please forgive me for all the days I took Your place in my life by trying to meet my own needs. Right now, I place my future in Your loving hands. I am ready to come before Your throne and trust You, no matter what. Today I trade all my fears for a renewed faith in You. Today I know in my heart that You will provide even more than I ask for.⋯ May I never doubt You again!

Love,
Your Princess who believes in You

And this same God who takes care of me will supply all your needs from his glorious riches, which have been given to us in Christ Jesus. _PHILIPPIANS 4:19

나는 너의 반석이다
I Will Be Your Rock

나의 사랑하는 신부야,

지금은 나의 약속을 믿고 이생에 닥칠 폭풍에서 너를 보호해줄 나를 신뢰할 때다. 나는 진실로 네 마음이 갈망하던 빛나는 갑옷을 입은 기사란다. 나는 이미 너를 위해 내 목숨을 주었고, 너의 감춰진 두려움을 안단다. 인생의 어려움이 닥칠 때 너는 나를 바라보는 법을 배워야 한다. 네 주변이 온통 가라앉는 모래처럼 보일 때도 나는 네가 설 수 있는 반석이란다. 나의 말씀 위에 우뚝 서고 그 말씀을 네 마음속에 감춰놓아라. 그러면 다시는 절망에 빠지는 일이 없을 것이다.

사랑한다.
너의 왕자이자 반석

주님은 나의 반석, 나의 요새, 나를 건지시는 분, 나의 하나님은 내가 피할 바위, 나의 방패, 나의 구원의 뿔, 나의 산성이십니다. _시편 18:2

My Beloved Bride

The time is now to believe My promises and trust Me to shelter you from the storms that will come in this life. I am truly the knight in shining armor that your heart longs for. I am the one who has already given His life for you. I know your hidden fears, but you must learn to look to Me, My beloved Bride, when life hits hard. I am the rock on which you can stand when all around you seems to be sinking sand. Stand on My Word and hide it in your heart, and you will never sink in hope- lessness again!

Love,
Your Prince and Rock

The LORD is my rock, my fortress, and my savior; my God is my rock, in whom I find protection. He is my shield, the power that saves me, and my place of safety. _PSALM 18:2

나는 너의 반석이다
I Will Be Your Rock

나의 구원자여,

그렇습니다, 나는 그대의 구원이 필요합니다. 제발 나를 구출해주세요. 그대는 나의 반석이자 나의 강한 왕자가 되어야 합니다. 더는 홀로 서고 싶지 않아요. 그대가 내 인생의 힘이 되어주세요. 두려움에 떠는 내 마음을 꼭 붙들어주시고 나의 발을 반석 같은 그대의 말씀 위에 굳게 세워주십시오. 다시는 이 반석에서 떠나지 않기를 바랍니다.

사랑합니다.
이제 우뚝 설 준비가 된 신부

하나님, 내가 부르짖는 소리를 들으시고 내 기도 소리를 귀담아 들어주십시오. 내 마음이 약해질 때 땅끝에서 주님을 부릅니다. 내 힘으로 오를 수 없는 저 바위 위로 나를 인도하여 주십시오.
_시편 61:1~2

My Rescuer

Yes, I need to be saved by You. Please rescue me, my Lord. I need You to be my rock and my strong Prince. I don't want to stand alone anymore. I invite You now to become the strength of my life. Grab hold of my fearful heart and place my feet securely on the rock of Your Word. May I never move from this rock again!

Love,
Your Princess who is ready to stand

Hear my cry, O God; listen to my prayer.
From the ends of the earth I call to you, I call as my heart grows faint; lead me to the rock that is higher than I. _PSALM 61:1-2 NIV

나는 약속을 늘 지킨다

나의 소중한 신부야,

나는 네게 한 약속을 절대로 깨지 않을 거야. 성경에 기록된 그대로 너를 위해 행할 것이다. 네가 사람들에게 실망했다고 나에 대해 불안해할 필요가 없다. 나는 사람이 아니라 너의 영원한 남편이요 주님이란 사실을 꼭 기억해라. 나는 진리란다. 내가 과연 너를 위해 올 것인지에 대해 염려할 필요가 없다. 내가 네게 맺은 모든 서약은 나의 완벽한 때에 진실로 입증될 것이다. 내 입에서 나오는 모든 말은 신성한 진리란다. 네가 나의 완벽한 때를 기다리기만 하면 절대로 실망하지 않을 거야.

사랑한다.
네가 신뢰할 수 있는 왕자

주님의 나라는 영원한 나라이며 주님의 다스리심은 영원무궁합니다. (주님이 하시는 말씀은 모두 다 진실하고, 그 모든 업적에는 사랑이 담겨 있다.) _시편 145:13

I Always Keep My Promises

My Cherished Bride

I will never break a promise to you, My Bride. I will always do for you exactly as it is written in My Word. Please don't let those who have disappointed you make you insecure about who I am. Remember, My beloved, I am not man; I am your eternal Husband and your Lord. I am Truth. You never need to worry about whether or not I will come through for you. Every vow I have made to you will prove to be true in My perfect time. Every word I speak is divine truth. I will never disappoint you if you will learn to wait on My perfect time.

Love,
Your Prince whom you can trust

For your kingdom is an everlasting kingdom.
You rule throughout all generations. The Lord always keeps his promises; he is gracious in all he does.
_PSALM 145:13

나는 약속을 늘 지킨다

나의 왕자님,

나의 주님이신 그대를 신뢰하고 싶습니다. 그런데 아무도 자기 약속을 지키지 않을 것이란 생각이 들 때가 있어요. 그대를 때때로 의심하는 나를 용서해주세요. 그대는 약속을 깬 사람들과 다른 분임을 내가 기억하게 도와주세요. 그대는 참으로 신실하고 진실한 분입니다. 오늘부터 나의 믿음을 되살려주세요. 이제까지 모든 약속을 다 지킨 그대를 신뢰하기를 원합니다.

사랑합니다.
신뢰를 배우고 있는 신부

하나님께서 하시는 일은 흠도 없다. 주님께서 하시는 말씀은 티도 없다. 주님께로 피하여 오는 사람에게 방패가 되어주신다. _시편 18:30

I Always Keep My Promises

My Prince

I want to trust You, my Lord, but sometimes I feel like I can't count on anyone to keep his or her word. So please forgive me for doubting You. Help me to remember that You are not like those who have broken their promises to me. You are the one who is faithful and true. Renew my faith from this day forward, and may I never forget all You have already done to prove Your promises are true.

Love,
Your Princess who is learning to trust

God's way is perfect. All the Lord's promises prove true. He is a shield for all who look to him for protection.
_PSALM 18:30

나는 항상 너를 생각한다

나의 귀한 공주야,

너는 나에게 너무나 소중하다. 내가 얼마나 자주 너를 생각하는지는 도무지 헤아릴 수 없단다. 밤낮으로 너에 대해 생각한다. 너는 항상 내 마음에 있다. 너는 내 가슴 속에 감춰져 있고 영원히 나의 일부란다. 나는 네 삶의 세세한 부분까지 관심이 있고, 너무 바빠서 네게 집중하지 못할 일은 없단다. 그러니 너는 이 넓은 세상의 어느 곳에 있든지 내 생각이 너와 함께한다는 것을 알고 안심해라. 물론 내 마음도 너와 함께한다.

사랑한다.
너를 생각하길 좋아하는 왕자

하나님, 주님의 생각이 어찌 그리도 심오한지요? 그 수가 어찌 그렇게도 많은지요? 내가 세려고 하면 모래보다 더 많습니다. 깨어나 보면 나는 여전히 주님과 함께 있습니다. _시편 139:17~18

I Can't Stop Thinking about You

My Treasured Princess

You are so precious to Me, My Princess. There are not enough grains of sand on the earth to express how often I think of you. Day and night I am thinking of you. You are always on My mind. You are hidden in My heart and forever a part of Me. I care about every detail of your life, and I am never too busy to focus on you. So, wherever you are in this big world, take comfort in knowing that My thoughts are with you, My beautiful Bride, and so is My heart.

Love,
Your Prince who loves thinking of you

How precious are your thoughts about me, O God. They cannot be numbered! I can't even count them; They outnumber the grains of sand! And when I wake up, you are still with me. _PSALM 139:17-18

나는 항상 너를 생각한다

나의 사랑하는 왕자님,

나의 신랑이여, 나는 날마다 그대에게 더욱더 반하고 있어요. 영원은 너무 멀리 있는 듯 보여도, 내 마음은 어느 순간에든 얼굴을 맞대고 그대를 볼 수 있음을 알고 있습니다. 그대가 내 곁에 있다는 것을 느끼고 싶은 심정이 간절합니다. 그러나 그 영광스러운 날이 오기까지는 세상의 구원자가 나를 생각하고 계시다는 것만 알아도 큰 격려가 됩니다. 새날이 올 때마다 그대가 그대의 사랑을 나에게 보여 줄 때 나도 끊임없이 그대를 찾게 되기를 바랍니다.

사랑합니다.
내가 그대의 마음에 있다는 것을 아는 신부

나의 형질이 갖추어지기도 전부터 주님께서는 나를 보고 계셨으며, 나에게 정하여진 날들이 아직 시작되기도 전에 이미 주님의 책에다 기록되었습니다. _시편 139:16

I Can't Stop Thinking about You

My Beloved Prince

I am falling for You more and more every day, my Prince, my Husband. Eternity seems so far away sometimes, yet I know in my heart at any moment I could see You face to face. How I long to feel You close to me. But until that glorious day comes, I must say how wonderful it is to walk through this life knowing the Savior of the world is thinking of me. May I never stop looking for You as You continue to reveal Your love to me each new day.

Love,
Your Bride who loves knowing I am on Your mind

You saw me before I was born. Every day of my life was recorded in your book. Every moment was laid out before a single day had passed. _PSALM 139:16

너를 인도해주고 싶다

나의 신부야,

나는 길이란다. 네 평생의 모든 날 동안 내가 너를 인도하게 해주겠니? 내가 오래전에 준비한 길로 네 아름다운 다리가 걷도록 해주고 싶은데, 괜찮겠니? 나와 함께 가자. 네 마음을 전율케 할 놀라운 모험의 길을 함께 걷자, 내 사랑아. 장차 위대한 유산을 남길 그런 인생을 너에게 선사하고 싶단다. 내가 너를 인도하도록 허락해주면 너는 절대로 실망하지 않을 거라고 약속한다.

사랑한다.
너를 인도하고 싶은 왕자

주님께서 말씀하신다. "네가 가야 할 길을 내가 너에게 지시하고 가르쳐 주마. 너를 눈여겨보며 너의 조언자가 되어주겠다." _시편 32:8

Let Me Lead You

My Princess Bride

I am the way, My Bride. Will you allow Me to lead you all the days of your life? Will you let your Prince place your beautiful feet on the path I prepared for you long ago? Come with Me, My love, on a surprising adventure that will thrill your heart. Let Me give you the kind of life that will leave a great legacy. If you will allow Me to lead, I promise you will never be disappointed.

Love,
Your Prince who longs to guide you

The Lord says, "I will guide you along the best pathway for your life. I will advise you and watch over you."
_PSALM 32:8

너를 인도해주고 싶다

나의 왕자님,

오늘 나는 그대의 인도를 기꺼이 받아들이겠습니다. 나를 위해 자기 목숨을 주신 그대의 요청을 내가 어떻게 거절할 수 있겠습니까? 내가 그대의 영원한 나라에 들어가는 그 날까지 남은 생애 동안 그대를 따르는 것을 영광으로 생각할 것입니다. 제발 내 손을 잡고 풍성한 삶에 이르는 길을 보여주세요. 내 귀를 열어주셔서 그대의 조용한 목소리를 듣고 그대가 인도하는 대로 따라가게 해주세요.

사랑합니다.
그대의 인도를 간절히 바라는 공주

이렇게 나를 좋아하시는 분이시기에 나를 넓고 안전한 곳으로 데리고 나오셔서, 나를 살려 주셨다. _시편 18:19

Let Me Lead You

My Prince

Today I say yes to Your leading in my life! How can I refuse the request of the one who gave His life for me? I would be honored to follow You the rest of my time here on earth until I step with You into Your eternal kingdom. Please take my hand and show me the way to abundant life, my Lord. Open my ears that I may hear Your still voice and follow where You lead.

Love,
Your Princess who loves the way You lead

He led me to a place of safety; he rescued me because he delights in me. _PSALM 18:19

너를 위해 싸우겠다
I Will Fight for You

나의 용감한 신부야,

네가 살면서 겪는 모든 싸움을 내가 대신 하도록 허락해주길 바란다. 내 신부가 자기 힘으로 싸우다가 탈진되는 모습을 나는 보고 싶지 않다. 네가 직면하는 싸움은 이미 이긴 것이나 다름이 없단다! 이제 내 뒤에 서서 너의 강한 왕자가 적의 공격으로부터 너의 영혼을 보호하도록 해주렴. 나는 너의 용사이자 너의 보호자란다. 내가 네 앞에 서서 너를 위해 싸우는 한, 아무것도 너를 압도하지 못할 것이다. 나의 사랑하는 신부를 위해 싸우러 나가는 일을 나는 좋아한단다.

사랑한다.
너의 왕자이며 보호자

주 너희의 하나님은 너희와 함께 싸움터에 나가서 너희의 대적을 치시고 너희에게 승리를 주시는 분이시다. _신명기 20:4

My Brave Bride

My courageous Princess, allow Me to fight any and all battles this life brings you. I don't want My Bride to exhaust herself fighting in her own strength. The battle you face, My love, is already won! Now step behind Me and let your powerful Prince shield you from the attacks of the enemy of your soul. Yes, I am your warrior and your protector. As long as you stand behind Me and let Me fight for you, there is nothing that can or will overtake you. It is My pleasure to go to war for My beloved Bride.

Love,
Your Prince and Protector

For the Lord your God is the one who goes with you to fight for you against your enemies to give you victory. _DEUTERONOMY 20:4 NIV

너를 위해 싸우겠다
I Will Fight for You

나의 왕자님,

나는 나의 멋진 용사인 그대가 나를 위해 싸우도록 허락할 준비가 되었어요. 나 홀로 이 싸움을 싸우다가 지쳐버렸습니다. 오직 그대만이 내 삶에 승리를 안겨줄 분입니다. 나는 나를 아프게 한 사람들을 아프게 하려고 날카로운 행동과 말을 했는데, 그런 나를 용서해주세요. 그대가 나의 방패와 힘이 되어주셔서 정말 감사해요.… 나를 위해 싸워주시는 것도 감사하고요.

사랑합니다.
그대 뒤에 설 준비가 된 신부

나의 힘이신 주님,
내가 주님을 사랑합니다.
_시편 18:1

My Prince

I am ready to let You fight for me, my wonderful warrior. I am tired of fighting this battle by myself. You alone are the one who will bring victory to my life. Please forgive me for using my actions and words as weapons to hurt those who have hurt me. Thank You for being my shield and my strength.⋯Thank You for fighting for me. I love You, my Lord!

> Love,
> Your Princess Bride who is ready
> to stand behind You

I love you, Lord; you are my strength.
_PSALM 18:1

내가 어떻게 해줄까?

나의 사랑아,

나를 믿어도 좋다. 네가 네 왕자를 의심할 때는 내 마음이 너무 아프단다. 내가 누군지를, 그리고 네가 나의 사람이란 것을 증명하려면 내가 어떻게 해야 할까? 네게 취침 인사를 하기 위해 또 다른 일몰을 그릴 수 있을까? 네 눈에 광채를 일으키기 위해 내가 하늘에 더 많은 별을 둘 수 있을까? 네가 내게 부르짖는 밤에 한 번 더 너를 위로할 수 있을까? 나의 신부가 드리는 기도에 다시 한번 내가 응답할 수 있을까? 필요하면 내가 무슨 일이든지 할거란다. 내가 여기에 있다는 것을 증명하기 위해 온갖 방법을 다 동원할 거야.

사랑한다.
실제로 존재하는 왕자

하늘은 하나님의 영광을 드러내고 창공은 그의 솜씨를 알려 준다. 낮은 낮에게 말씀을 전해 주고, 밤은 밤에게 지식을 알려 준다. _시편 19:1~2

What Must I Do?

My Beauty

You can believe in Me, My beloved. It so breaks My heart when you doubt your Prince. What must I do to prove I am who I say I am and that you are Mine? Can I paint you another sunset to kiss you good night? Can I place more stars in the sky to bring a sparkle in your eye? Can I comfort you one more night when you call out to Me? Can I answer another prayer for My Princess? I will do whatever it takes, and I will never stop creating ways to prove to you that I am here.

Love,
Your Prince, the One who is real

The heavens proclaim the glory of God. The skies display His craftsmanship. Day after day they continue to speak; night after night they make him known. _PSALM 19:1-2

내가 어떻게 해줄까?

나의 주님,

\그대가 나와 함께 있다는 것을 믿으려고 얼마나 씨름했는지 모릅니다. 그대가 거듭해서 그대의 존재를 증명했는데도 나는 아직도 의심하고 있습니다. 그래서 다시 부탁할게요. 그대의 존재를 더 생생하게 제게 보여주세요. 그리고 그대에 대한 믿음을 다시는 잃지 않게 도와주세요. 그대의 신부에게 한없는 인내를 베풀어주셔서 정말 감사합니다.

사랑합니다.
그대를 믿기로 결심하는 신부

주의 나라는 영원한 나라이므로
주는 대대로 통치하실 것입니다.
_시편 145:13 [현대인의 성경]

What Must I Do?

My Lord

How many times do I struggle to believe You are truly here with me? Even though You have proved Your presence over and over again, I still allow my heart to doubt. So here I am again, requesting that You will become more real to me than ever before. Please help me, my Prince, that I may never lose my faith in You again. Thank You for Your never-ending patience with Your Princess.

Love,
Your Princess who believes You now

Your kingdom is an everlasting kingdom, and your dominion endures through all generations. The LORD is faithful to all his promises and loving toward all he has made. _PSALM 145:13 NIV

내가 불빛을 비춰줄게

나의 신부야,

나는 "세상의 빛"이다. 나는 너의 빛이요 네 인생의 사랑이란다. 너의 세계가 춥고 어둡다고 느낄 때는 내가 너를 속에서부터 따뜻하게 해줄 수 있다. 네 왕자가 네 길을 밝혀주도록 네가 허용하기만 하면 너는 절대 넘어지지 않을 것이다. 나는 어둠 속에서도 볼 수 있어서 네 길에 놓인 장애물을 치워주려고 여기에 있단다. 그러니 두려워하지 말아라. 혹시 네가 넘어지면 내가 사랑스러운 팔로 너를 일으켜줄게. 그리고 네가 나에게 되돌아오는 길을 찾을 수 있도록 늘 불빛을 비춰줄게. 안심해라.

사랑한다.
네 길에 빛을 비춰주는 왕자

아, 주님, 진실로 주님은 내 등불을 밝히십니다. 주 나의 하나님은 나의 어둠을 밝히십니다. _시편 18:28

I Will Leave the Light On

My Bride

I am the light: "The light of the world." I am your light and the love of your life. When your world feels cold and dark, you can count on Me to warm you from the inside out. You will never stumble and fall if you will allow your Prince to light your way. I see perfectly in the dark, so never fear—I am here to move all the obstacles out of your way, My beloved. And if ever you do stumble in the dark, I will always pick you up with My loving arms. Rest assured, My beauty, there will always be a light on for you to be able to find your way back to Me.

Love,
Your Prince and Illumination

You light a lamp for me. The Lord, my God, lights up my darkness. _PSALM 18:28

내가 불빛을 비춰줄게

나의 왕자님,

그대는 참으로 내 세계의 빛이요 내 인생의 사랑입니다. 그대가 가까이 있을 때는 내가 아무것도 두려워할 필요가 없다는 것을 알아요. 내가 그대에게서 멀어졌을 때는 되돌아가는 길을 비춰주세요. 어둠 속에서도 내가 길을 잃지 않을 수 있다는 것을 알게 도와주세요. 내 눈은 보지 못할지라도 그대의 눈은 볼 수 있음을 믿도록 나를 꼭 붙들어 주십시오.

사랑합니다.
그대를 찾기로 다짐하는 신부

생명의 샘이 주님께 있습니다. 우리는 주님의 빛을 받아 환히 열린 미래를 봅니다. _시편 36:9

I Will Leave the Light On

My Prince

You are the light of my world and the love of my life. I know that when You are near, I never need to fear anything or anyone. Please light my way back to You when I have walked away. Help me know that not even the darkness can cause me to lose my way. Please hold me close as I learn to trust Your sight when I cannot see on my own.

Love,
Your Bride who will find You

For you are the fountain of life, the light by which we see.
_PSALM 36:9

나와 함께 쉬어라

나의 바쁜 신부야,

타임아웃을 갖고 나와 함께 쉬어라. 네 영이 생기를 회복할 시간이 필요하단다. 나와 함께 떠나도록 하자, 사랑하는 신부야. 너의 영원한 남편이 지친 네 영혼을 재충전해 주고 싶구나. 이생의 염려를 내려놓고 우리 함께 한동안 멀리 가면 좋겠다. 생수로 가득한 내 강에서 첨벙거리면 네 영혼이 소생하게 될 거야. 나는 지금도 기다리는 중이다.… 네가 떠날 준비가 될 때까지. 나에게 와라. 그러면 우리 함께 평화로운 장소로 몸을 피할 수 있을 거야.

사랑한다.
네가 안식할 장소인 왕자

그 때에 예수께서 이렇게 말씀하였다.… "수고하며 무거운 짐을 진 사람은 모두 내게로 오너라. 내가 너희를 쉬게 하겠다."
_마태복음 11:28

Retreat with Me

My Busy Bride

Take a time-out and retreat with Me, My love; I can see your spirit needs a time of refreshing. I am asking you to come away with Me, My beloved Bride. Your eternal Husband wants to give your weary soul replenishment. Leave the cares of this life and let us run away together for a while. Let Me revive your soul as you splash in My rivers full of living water. I am waiting⋯waiting for you⋯ whenever you are ready. Come to Me, My love, and we will escape to a peaceful place all alone together.

Love,
Your Prince, your place of rest

Then Jesus said, "Come to me, all you who are weary and carry heavy burdens, and I will give you rest.
_MATTHEW 11:28

나와 함께 쉬어라

나의 왕자님,

나는 이생의 염려를 내려놓고 그대와 함께 떠날 준비가 되었습니다. 그대와 함께 있고 싶은 마음이 간절해요. 그대처럼 나를 새롭게 해줄 존재는 없습니다. 그대처럼 내 영혼을 어루만지고 나를 사랑해줄 존재는 없어요. 한동안 세상을 뒤로하고 그대와 함께 쉬고 싶습니다. 이제 잔잔한 물가에 누울 수 있는 곳으로 나를 데려가 주세요.

사랑합니다.
오직 그대에게 속한 공주

나를 푸른 풀밭에 누이시며 쉴 만한 물가로 인도하신다. 나에게 다시 새 힘을 주시고, 당신의 이름을 위하여 바른 길로 나를 인도하신다. _시편 23:2~3

Retreat with Me

My Prince

I am ready to leave the cares of this life and run away with You. I can't wait to be with You, my Lord. No one refreshes me the way You do. No one soothes my soul and loves me the way You do. Yes, I am ready to leave the world behind and run away with You. Take me now where I may lay beside still waters with You.

Love,
Your Princess, Yours alone

He lets me rest in green meadows; he leads me beside peaceful streams. He renews my strength. He guides me along right paths, bringing honor to his name.
_PSALM 23:2–3

내가 너를 지켜줄게
I Will Defend You

나의 사랑하는 신부야,

누구든지 말로 너에게 상처를 주면 나에게 상처를 주는 셈이란다. 너는 나의 영광의 그릇이고 은혜의 트로피이기 때문이지. 누군가가 너에게 거짓말을 하면 너는 진실을 분별하기 위해 나를 바라보아라. 너를 방해하는 사람이 있다면 그는 나를 대면해야 할 것이다. 너는 보물 같은 내 말씀 속에 숨어라. 그러면 네가 얼마나 귀중한 사람인지를 수시로 생각나게 해줄게. 나는 너의 주님이요 왕자란다. 네가 직면하는 싸움은 너의 것이 아니고 너를 위해 감당할 내 싸움이다. 나는 그들의 모욕과 공격을 감당할 수 있어도 너는 너무 연약해서 홀로 영적 전쟁을 치를 수 없단다. 그러니 내 뒤에 서라. 내가 끝까지 너를 지켜줄게.

사랑한다.

너의 주님이요 방어자

네가 사는 날 동안 아무도 너의 앞길을 가로막지 못할 것이다. 내가 모세와 함께 하였던 것과 같이 너와 함께 하며, 너를 떠나지 아니하며, 버리지 아니하겠다. _여호수아서 1:5

My Beloved Bride

When anyone speaks hurtful words to you, they are coming against Me. You are My vessel of honor and a trophy of My grace. Look to Me for the truth when lies are spoken to you. Anyone who tries to hinder you will have to deal with Me, My love. Hide yourself in My treasured Word, and I will remind you of your immeasurable worth as many times as it takes. I am your Lord and your Prince. The battles you face are not yours, My Bride; they are Mine to fight for you. I can take their insults and attacks, but you are too tender to handle spiritual war all alone. So stand behind Me and let Me defend you until the end!

Love,
Your Lord and Defender

No one will be able to stand up against you all the days of your life. As I was with Moses, so I will be with you; I will never leave you nor forsake you.
_JOSHuA 1:5 NIV

내가 너를 지켜줄게
I Will Defend You

나의 주님,

이제껏 거짓말 때문에 많은 상처를 받았습니다. 제발 상처 받은 내 마음을 치유해주세요. 내가 그대와 함께 앉아서 말씀을 읽을 때, 날마다 내가 진정 누군지를 가르쳐주세요. 모든 거짓말을 그대의 진리와 바꾸고 싶습니다. 그대가 다시금 내 마음을 새롭게 하고 내 영에 기운을 북돋워 주십시오. 내가 스스로 포기할지라도 그대는 결코 나를 포기하지 않아서 정말 감사합니다.

사랑합니다.
그대의 진리를 사랑하는 공주

[주님은] 마음이 상한 사람을 고치시고
그 아픈 곳을 싸매어 주신다.
_시편 147:3

My Lord

I desperately need You to heal my heart from all the lies that have been spoken to me. Teach me day by day, as I sit with You reading Your Word, what my true identity is. I am ready to trade all the lies for Your truth. I am ready to allow You to renew my mind and refresh my spirit once again. Thank You for never giving up on me even when I give up on myself.

Love,
Your Princess who loves Your truth

He heals the brokenhearted and binds up their wounds. _PSALM 147:3 NIV

네가 부르면 언제든지 달려 갈게

나의 신부야,

네가 나를 부르면 언제든지 달려갈게. 내가 필요할 때는 수시로 나를 불러라. 그러면 내가 가서 위로해줄게. 내 이름을 부르는 네 목소리는 아무리 들어도 지겹지 않단다. 네 마음이 깨어지면 나는 모든 조각을 제자리로 되돌려 놓고 싶다. 네가 공허하게 느낄 때는 내가 네 마음을 가득 채워줄 거야. 네 영이 부서질 때는 내가 네 영혼을 소생시켜 줄 거야. 나의 공주야, 내가 필요할 때는 언제나 내가 여기에 있다는 것을 꼭 기억해라. 나를 부르면 내가 응답해줄게.

사랑한다.
언제든지 기도로 만날 수 있는 너의 왕자

의인이 부르짖으면 주님께서 반드시 들어 주시고, 그 모든 재난에서 반드시 건져 주신다. 주님은 마음 상한 사람에게 가까이 계시고, 낙심한 사람을 구원해 주신다. _시편 34:17~18

I Will Always Come When You Call

My Princess Bride

I will always come when you call for Me, My love. Call out to Me as many times as you need Me, and I will come comfort you. I never tire of hearing your sweet voice address My name. When your heart is broken, I want to put all the pieces back in place for you. When you feel empty, I will fill you up again and again. When your spirit has been crushed, My love, I am here to revive your soul. Be assured, My Princess, I am always available to you anytime you need Me. Call to Me and I will answer.

Love,
Your Prince who is only a prayer away

The Lord hears his people when they call to him for help. He rescues them from all their troubles. The Lord is close to the brokenhearted; he rescues those whose spirits are crushed. _PSALM 34:17–18

네가 부르면 언제든지 달려 갈게

나의 왕자님,

나는 그대를 부르는 것을 좋아합니다. 하나님의 아들이 나의 부르짖음을 들으면 친히 와서 나를 구출해주신다니 얼마나 큰 위로가 되는지 모릅니다. 나의 사정을 잘 아는 분을 내가 알게 된 것이 얼마나 큰 축복인지요. 사랑하는 그대여, 그대의 성품과 그대가 행한 일을 생각하면 감사하지 않을 수 없습니다. 그대의 신부가 된 것은 축복 중의 축복입니다.

사랑합니다.
영원히 감사할 수밖에 없는 그대의 신부

내가 고통 가운데서 주님께 부르짖고, 나의 하나님을 바라보면서 살려 달라고 부르짖었더니, 주님께서 그의 성전에서 나의 간구를 들으셨다. 주님께 부르짖은 나의 부르짖음이 주님의 귀에 다다랐다.

_시편 18:6

I Will Always Come When You Call

My Prince

I love to call to You, my Lord. It is an amazing comfort to know that You, the Son of God, hear my cry and come to my rescue. Why am I so blessed to personally know the only one who truly understands what I need to be rescued? Thank You for who You are and all You do for me, my beloved Prince. I am truly blessed to be Your Bride.

Love,
Your Bride who is forever grateful

In my distress I called to the Lord; I cried to my God for help. From his temple he heard my voice; my cry came before him, into his ears. _PSALM 18:6 NIV

너의 세계를 아름답게 채색해줄게

나의 신부야,

나는 너의 세계를 아름답게 가꿔주는 일이 무척 기쁘단다. 나의 헌신이 의심스러울 때는 언제나 나를 찾아라. 그러면 내가 너를 얼마나 열렬히 사랑하는지 보여주는 새로운 방법을 만들어볼게. 우선 네 영이 유쾌하도록 하늘을 천국의 복들로 채색할 거야. 내가 모든 약속을 지킨다는 것을 기억하도록 흐린 날에 찬란한 무지개를 그려줄게. 네가 미소 지을 수 있게 고운 꽃들을 키워줄게. 나는 너의 날들을 향기롭게 하고 네 짐을 대신 나르려고 여기에 있단다. 뜨거운 날에는 네 얼굴에 시원한 바람을 보내어 내가 얼마나 너를 사랑하는지 생각나게 해줄게.

사랑한다.
너의 주님이며 창조자

주님은 하늘을 구름으로 덮으시고 땅에 내릴 비를 준비하시어 산에 풀이 돋게 하시며. _시편 147:8

I Will Color Your World

My Princess Bride

It brings Me great joy to color your world, My beloved Bride. Whenever you begin to doubt My devotion to you, look for Me and I will create new ways to prove to you how passionately I love you. I will paint the sky with a heavenly bliss to uplift your spirit. I will create a radiant rainbow on a cloudy day to remind you that I keep all My promises. I will grow delicate flowers, just to see you smile. I am here to sweeten your days and carry all your burdens for you. I will send a cool breeze to touch your face on a hot day, just to remind you how much I love you.

Love,
Your Lord and Creator

He covers the sky with clouds; he supplies the earth with rain and makes grass grow on the hills. _PSALM 147:8 NIV

너의 세계를 아름답게 채색해줄게

나의 왕자님,

나에게 그토록 헌신하셨다니 너무나 감격스럽습니다. 그대가 나의 기쁨을 위해 창조하신 그 놀라운 것들을 미처 보지 못했던 날들을 생각하면 마음이 아픕니다. 이생의 염려 때문에 눈이 어두워졌을 때가 너무 많았어요. 이제 내 눈을 열어주셔서 그대의 사랑이 표현되는 장면을 놓치지 않게 해주세요. 나의 세계를 아름답게 채색해주셔서 정말 감사합니다.

사랑합니다.
그대를 흠모하는 신부

진실로 주님의 선하심과 인자하심이 내가 사는 날 동안 나를 따르리니, 나는 주님의 집으로 돌아가 영원히 그곳에서 살겠습니다. _시편 23:6

I Will Color Your World

My Prince

Your commitment to me, my Lord, has captivated my heart. I am broken as I reflect on all the days gone by where I did not see the wonderful things on earth that You created for my pleasure. Too many times I've been blinded by the worries of this world. Please, my Prince, open my eyes that I may never miss another day to let You express Your love for me. I do love the way You color my world.

Love,
Your adoring Bride

Surely your goodness and unfailing love will pursue me all the days of my life, and I will live in the house of the Lord forever. _PSALM 23:6

너에게 날개를 달아줄게

나의 사랑하는 신부야,

네 마음이 꿈을 꾸고 싶어 한다는 것을 안다. 네가 품은 희망에서 시선을 떼지 말아라. 네가 이 땅에서 사는 동안 위대한 일을 하고픈 열정을 네 마음에 둔 것은 바로 나란다. 내가 정한 때에 너를 높이 올려주고 싶다. 네가 기꺼이 나를 기다리면 내가 너를 꿈이 실현되는 곳으로 데려가 줄게. 너에게 날개를 달아주고 싶구나. 네가 홀로 날 수 있는 곳보다 더 높이 올려줄 수 있는 존재는 나밖에 없단다. 네가 나와 함께 높이 솟아오르면 온 세계를 전혀 새로운 관점에서 보게 될 거야.

사랑한다.
너를 높이 올려주는 왕자

오직 주님을 소망으로 삼는 사람은 새 힘을 얻으리니, 독수리가 날개를 치며 솟아오르듯 올라갈 것이요, 뛰어도 지치지 않으며, 걸어도 피곤하지 않을 것이다. _이사야서 40:31

I Will Give You Wings to Fly

My Beloved Bride

I know your heart longs to dream. Don't lose sight of your hope, My beloved; I placed that passion inside you to do something great while you are reigning here on earth. I want to be the one to lift you up in My appointed time. If you are willing to wait on Me, I will take you to a place where dreams come true. Let Me be the one who gives you your wings, My Bride. I alone can lift you higher than you could ever fly on your own. You will see the world from a whole new point of view when you soar with Me.

Love,
Your Prince who lifts you up

But those who trust in the Lord will find new strength. They will soar high on wings like eagles. They will run and not grow weary. They will walk and not faint.
_ISAIAH 40:31

너에게 날개를 달아줄게

나의 왕자님,

그대는 내가 가고 싶은 곳으로 나를 데려가는 바람입니다. 나의 삶을 향기롭게 만드는 향기로운 향입니다. 그래요, 그대를 잘 기다려서 날개를 달고 싶어요. 정해진 때에 높이 솟아오를 수 있도록 나를 준비시켜 주세요. 그대가 제발 나의 힘이 되어서 내가 이 경주를 잘 마치고, 기다리는 동안 포기하거나 지치지 않게 해주십시오. 날개를 달아주실 것을 바라보며 미리 그대에게 감사를 드립니다.

사랑합니다.
그대와 함께 날고 싶은 신부

이제는 능력으로 우리 안에 계셔서 우리가 감히 구하거나 생각할 수 있는 것 그 이상으로 무한히 하실 수 있는 분에게 교회 안에서와 그리스도 예수 안에서 영광이 영원히 있기를 원합니다. _에베소서 3:20-21[필립스 성경]

I Will Give You Wings to Fly

My Prince

You are the wind that takes me where I want to go. You are the sweet incense that makes my life so sweet. Yes, Lord, I will wait on You to give me my wings. Please prepare me for my appointed time to soar. Please be my strength, that I may run this race and never give up or grow weary while waiting. Thank You in advance for my wings.

Love,
Your Bride who longs to fly with You

Now all glory to God, who is able, through his mighty power at work within us, to accomplish infinitely more than we might ask or think. _EPHESIANS 3:20

절대로 너를 떠나지 않을 거야
I Will Never Leave You

나의 공주야,

네가 몸담은 세계는 많은 관계가 파국에 이르는 곳이란 것을 나도 안다. 그러나 나는 사람이 아니고 너의 주님이요 너의 왕자란다. 나는 절대로 너를 떠나거나 버리지 않을 거야. 네가 나와 함께 걷는 한 결코 홀로 걷는 일은 없을 것이다. 네가 어디에 있든지 내가 너와 함께 있고, 나는 절대로 너를 버리지 않겠다. 혹시 내가 여기에 있는지 의심스러우면 나에게 요청하기만 해라. 그러면 특별한 방식으로 나 자신을 너에게 나타내줄게. 무슨 수를 써서라도 나의 신실함을 너에게 보여주마. 내가 너를 돌보고 있다는 것을 믿어도 좋다. 네가 나를 바라보는 한 나는 너를 실망하게 하지 않을 거야.

사랑한다.

항상 너의 신랑으로 남을 왕자

내가 비록 죽음의 그늘 골짜기로 다닐지라도 주님께서 나와 함께 계시고, 주님의 막대기와 지팡이로 나를 보살펴 주시니, 내게는 두려움이 없습니다. _시편 23:4

My Princess

I know you live in a world where many relationships come to a bitter end, My love. But I am not man; I am your Lord and your Prince. I will never leave you or forsake you, My beloved Bride. As long as you walk with Me, you will never walk alone. I am with you wherever you are, and I will never abandon you. If ever you doubt I am here, just ask Me and I will reveal Myself to you in a very special way. I will do whatever it takes to prove My faithfulness to you. You can trust your heart in My care. I will not let you down as long as you look up.

Love,
Your Prince who will always be Yours

Even when I walk through the darkest valley, I will not be afraid, for you are close beside me. Your rod and your staff protect and comfort me. _PSALM 23:4

절대로 너를 떠나지 않을 거야
I Will Never Leave You

나의 신실한 왕자님,

나의 진정한 사랑이 되어주셔서 감사합니다. 다른 사람들은 나를 떠나도 그대는 나의 삶에 들어오시는 분이라서 너무 좋습니다. 내가 그대의 사람이라서 나를 홀로 두지 않으신다니 정말 큰 위로가 됩니다. 그대의 신실함은 내 존재의 토대입니다. 나의 영적인 눈을 열어주셔서 그대를 볼 수 있게 해주세요. 그리고 그대의 임재를 느끼고 그대가 나와 함께 계심을 전혀 의심하지 않게 도와주세요.

사랑합니다.
그대를 가까이하고 싶은 공주

나의 아버지와 나의 어머니는 나를 버려도 주님은 나를 돌보아 주십니다. _시편 27:10

My Faithful Prince

Thank You for being my one true love. Thank You for being the one who walks in when others walk out of my life. What a comfort to know I am never alone because I am Yours. Your faithfulness is the foundation of my very being. Please, my Lord, open my spiritual eyes that I may see You, that I may feel Your presence and never doubt You are with me.

Love,
Your Princess who wants to be close

Even if my father and mother abandon me, the Lord will hold me close. _PSALM 27:10

너를 축복해줄게

나의 신부야,

내가 너를 위해 마련한 복들을 네가 즐기는 모습을 보니 아주 기쁘단다. 나의 신부만 볼 수 있는 작은 선물로 너를 깜짝 놀라게 하기를 나는 좋아한다. 오늘도 나에게 선물 받을 준비를 하렴. 이생의 어려움 때문에 네가 누군지를 잊지 말고, 내가 베푸는 선물을 놓치는 일이 없도록 해라. 너는 나의 왕족이고, 나의 보석이란 것을 꼭 기억해라. 최상의 것은 장차 도래할 것이니 이제 하늘을 우러러보며 미소를 지어라!

사랑한다.
너의 왕자요 복

진실로 주님의 선하심과 인자하심이 내가 사는 날 동안 나를 따르리니, 나는 주님의 집으로 돌아가 영원히 그곳에서 살겠습니다. _시편 23:6

I Will Bless You

My Bride

It brings Me such great pleasure to watch and see you enjoy the blessings I have arranged for you. I love to surprise My Bride with little gifts that only she can see. Let yourself receive from Me today. Don't let the difficulties of this life cause you to lose sight of who you are and all I have for you. Remember, My love, you are My royalty, you are My treasure. Now look to the heavens and smile because the best is yet to come!

Love,
Your Prince and Blessing

Surely your goodness and unfailing love will pursue me all the days of my life, and I will live in the house of the Lord forever. _PSALM 23:6

너를 축복해줄게

나의 관대한 왕자님,

그대의 신부가 된 것은 최고의 복입니다. 나는 자그마한 깜짝 선물을 좋아합니다. 오늘 나의 마음을 활짝 열고 그대가 준비한 것을 모두 받고 싶어요. 우리의 동행을 위해 그대가 계획한 것을 하나도 놓치고 싶지 않습니다. 나에게 그대의 은총과 복을 듬뿍 부어주세요. 주변의 모든 세계가 내가 그대의 신부임을 알게 해주세요. 모든 선물 중에 최고의 선물, 곧 그대와 함께하는 영원한 삶을 주셔서 감사합니다.

사랑합니다.
그대가 행하는 모든 일을 기뻐하는 공주

사람들은 주님의 두려운 권능을 말하며, 나는 주님의 위대하심을 선포하렵니다. 사람들은 한량없는 주님의 은혜를 기념하면서 주님의 의를 노래할 것입니다. _시편 145:6~7

I Will Bless You

My Generous Prince

I feel like the most blessed Bride to be Yours. I love Your little surprises. Today I open my heart completely to receive all You have for me. I don't want to miss out on anything You have planned for our life together. Please pour out Your favor and blessing upon me. May all the world around me see I am Your Princess. Thank You for the greatest gift of all···eternity with You!

Love,
Your Princess who celebrates all You do

They will tell of the power of your awesome works, and I will proclaim your great deeds. They will celebrate your abundant goodness and joyfully sing of your righteousness. _PSALM 145:6–7 NIV

내 천사들을 보내줄게

나의 신부야,

나는 너의 영원한 남편으로서 네게 줄 것이 많단다. 너에게 영원한 삶을 주고 또 언제든지 나에게 올 수 있는 특권을 준다. 이루 말할 수 없는 기쁨, 풍성한 삶, 그리고 영원한 집을 준다. 나의 신부인 너의 기도는 하늘에 도달하고, 내가 네 기도를 낱낱이 다 듣기 때문에 사람들의 삶이 영원히 바뀌게 된단다. 그런데 그보다 더 중요한 것은 내 천사들에게 너를 지켜줄 것을 명령했다는 사실이지. 그래서 네가 모르는 사이에 너는 많은 것을 모면했단다. 이제껏 네가 어디를 가든지 내가 너를 감싸주었다는 것을 알아라. 그리고 네가 마침내 본향에 와서 영원히 나와 함께 있을 때까지 내가 항상 너를 감싸줄 테니 너는 참으로 복 받은 사람이다.

사랑한다.
네게 온갖 복을 주는 왕자

주님의 모든 천사들아, 주님의 말씀을 듣고 따르는 힘찬 용사들아, 주님을 찬양하여라. 주님의 모든 군대들아, 그의 뜻을 이루는 종들아, 주님을 찬양하여라. _시편 103:20~21

I Will Send My Angels

My Bride

There are many things I have to offer you as your eternal Husband. I offer you everlasting life, I give you anytime access to Me. I give you unspeakable joy, an abundant life, and an eternal home. As My Bride, your prayers reach the heavens and people's lives are changed forever because I hear your every word whispered to Me. But there is more, My beloved. I command My angels to stand guard over you. There are many things you have been spared of without you knowing. Just be blessed in knowing I have covered you wherever you have gone, and I will continue to cover you until you are finally home with Me once and for always.

Love,
Your Prince and Sole Provider

Praise the Lord, you angels, you mighty ones who carry out his plans, listening for each of his commands. Yes, praise the Lord, you armies of angels who serve him and do his will! _PSALM 103:20-21

내 천사들을 보내줄게

나의 왕자님,

나에게 그런 삶을 주신다니 내가 어찌 받지 않겠습니까? 그대가 제공하는 그런 관계를 나에게 줄 수 있는 사람은 세상에 전혀 없습니다. 솔직히 말씀드리면, 나를 위해 그대가 행하는 모든 일과 이제껏 행한 모든 일을 생각할 때 그것을 당연시했던 나의 태도가 무척 부끄럽습니다. 그대는 진실로 나를 지극히 사랑하는 분이고 내가 원했던 모든 것입니다.

사랑합니다.
그대를 참으로 사랑하는 공주

그가 천사들에게 명하셔서
네가 가는 길마다 너를 지키게 하실 것이니.
_시편 91:11

I Will Send My Angels

My Prince

How can I ever say no to receiving the kind of life You offer me? There is no one in the world who can give me the kind of relationship You provide. To be honest, my Lord, when I really think about all You do and all You have done for me, I am almost ashamed about all the times I have taken You for granted. You truly are the Lover of my soul and all I have ever wanted.

Love,
Your Princess who truly loves you

For he will command his angels concerning you to guard you in all your ways. _PSALM 91:11 NIV

네가 아플 때는 내가 돌봐줄게

나의 공주야,

네가 아플 때나 건강할 때나 내가 항상 너와 함께 있을 거야. 내가 너를 위로하도록, 그리고 네 몸이 아플 때도 네 영혼이 쉴 수 있는 곳으로 너를 데려가도록 허락해다오. 나는 내 공주에게 평안과 치유를 제공할 것이다. 너는 아무것도 두려워하지 말아라. 나는 네가 첫 숨을 쉬었을 때 거기에 있었고, 네가 마지막 숨을 쉴 때도 거기에 있을 것이다. 나는 단 한 번의 손길로 너를 치유할 수도 있고, 너를 하늘의 본향으로 데려가서 나와 함께 있게 할 수도 있단다. 이것만은 꼭 알고 있으렴. 지금은 물론이고 우리가 마침내 얼굴을 맞대고 서로 볼 때까지 내가 너를 붙들어줄 것임을!

사랑한다.
너를 치유하는 왕자

주님은 나의 목자시니, 내게 부족함 없어라. 나를 푸른 풀밭에 누이시며 쉴 만한 물가로 인도하신다. 나에게 다시 새 힘을 주시고, 당신의 이름을 위하여 바른 길로 나를 인도하신다. _시편 23:1~3

I Will Take Care of You When You're Sick

My Princess

I will always be with you in sickness and in health. Let Me, your Lord, comfort you and take you to a place where your soul can be at rest even when your body is ill. I will provide peace and healing for My Princess. You have nothing to fear, My beloved. I was there when you took your first breath, and I will be there when you take your last. I can heal you with just a touch, or I can carry you home to heaven with Me. Just know I will hold you now and until we finally see one another face to face.

Love,
Your Prince and Healer

The Lord is my shepherd; I have all that I need. He lets me rest in green meadows; he leads me beside peaceful streams. He renews my strength. He guides me along right paths, _PSALM 23:1-3

네가 아플때는 내가 돌봐줄게

나의 왕자님,

내가 아플 때는 정말로 힘들어요. 제발 나를 위로해주시고 그대의 치유의 손길로 나를 만져주세요. 내가 연약할 때는 나에게 신체적인 힘을 주십시오. 그리고 내 곁에 있어 주세요. 나의 왕자님의 손길이 필요합니다. 나는 비록 약해도 그대는 나의 힘입니다. 부디 나에게 영적인 양식을 먹여주셔서 "내 영혼이 편하다"고 말할 수 있게 해주세요.

사랑합니다.
그대를 신뢰하는 공주

주, 나의 하나님, 내가 주님께 울부짖었더니 주님께서 나를 고쳐 주셨습니다. 주님, 스올에서 이 몸을 끌어올리셨고, 무덤으로 내려간 사람들 가운데서 나를 회복시켜 주셨습니다. _시편 30:2~3

I Will Take Care of You When You're Sick

My Prince

It is so hard on me when I am sick. Please comfort me and touch me with Your healing hands. Give me physical strength when I am weak. I need You to be by my side. I need a touch from my Prince. I am weak but You are my strength. So feed me with spiritual nourishment that I may say, "It is well with my soul."

Love,
Your Princess who trusts You

O Lord my God, I cried to you for help, and you restored my health. You brought me up from the grave, O Lord. You kept me from falling into the pit of death. _PSALM 30:2-3

너의 길을 찾도록 도와줄게
I Will Help You Find Your Way

나의 신부야,

내가 멀리 있다고 느껴질 때가 있을 거야. 그건 사실이 아니란다. 네 느낌은 너를 속일지라도 나는 속이지 않는다. 나는 네가 나에게 돌아오는 길을 찾도록 영원히 도와줄 진리란다. 그러니 네가 길을 잃었다고 느끼면 언제든지 위를 쳐다보기만 해라. 그러면 내가 네 길에 빛을 비춰줄게. 너의 세계가 어두운 듯 보일 때는 내가 너의 나침반과 너의 위로가 될 것이다. 네가 너무 지쳐서 뛸 수 없을 때는 내가 믿음의 결승선까지 너를 업고 갈게. 너의 눈이 나에게 고정되어 있으면 절대로 길을 잃지 않을 거야. 네가 계속 전진할 힘이 없을 때도 내가 너의 힘이 되어주겠다.

사랑한다.
너의 길이요 너의 왕자

주님께서 나의 앞뒤를 두루 감싸 주시고, 내게 주님의 손을 얹어 주셨습니다. 이 깨달음이 내게는 너무 놀랍고 너무 높아서 내가 감히 측량할 수조차 없습니다. _시편 139:5~6

My Bride

There will be times that you will feel I am far from you. That is not true, My love. Your feelings will deceive you, but I never will. I am the truth that will forever help you find your way back to Me. So whenever you feel lost, just look up, and I will be the one to light your way when you are lost. When your world seems dark, I will be your compass and your comfort. I will carry you over the finish line of your faith when you're too weary to run. You will never be lost as long as you keep your eyes on Me. Even when you don't have the strength to go on, I will become your strength.

Love,
Your Prince and Your Way

You go before me and follow me. You place your hand of blessing on my head. Such knowledge is too wonderful for me, too great for me to understand!
_PSALM 139:5-6

너의 길을 찾도록 도와줄게
I Will Help You Find Your Way

나의 놀라운 주님,

나를 향한 그대의 강한 열정을 계속 보여주셔서 진심으로 감사드립니다. 그래요, 내가 길을 잃고 그대에게서 멀어졌다고 느낄 때가 참으로 많습니다. 마음으로는 그대가 내게서 떨어지지 않는다는 걸 알지만 어쩐 일인지 내가 그대의 사랑과 진리에서 떨어져 나온 듯 보이곤 한답니다. 내가 무슨 행동이나 말을 하든 상관없이 그대가 계속 내 뒤에 계신다니 경외심에 몸 둘 바를 모르겠습니다. 그대가 절대로 나를 포기하지 않으신다니 너무나 고마울 따름입니다.

사랑합니다.
그대에게 발견되고 싶은 공주

주님, 주님께서 나를 샅샅이 살펴보셨으니 나를 환히 알고 계십니다. 내가 앉아 있거나 서 있거나 주님께서는 다 아십니다. 멀리서도 내 생각을 다 알고 계십니다. _시편 139:1~2

My Wonderful Lord

Thank You from the depths of my soul for continually proving how strong Your passion is for me. Yes, Lord, there are many days I feel lost and very far from You. I know in my heart You never move from me, but somehow no matter how hard I try to stay close to You, I seem to fall away from Your love and truth. I am so in awe that You continue to run after me no matter what I do or say. I am so grateful that You never, ever give up on me.

Love,
Your Princess who is ready to be found

O Lord, you have examined my heart and know everything about me. You know when I sit down or stand up. You know my thoughts even when I'm far away. _PSALM 139:1–2

나와 함께 기뻐해라

나의 신부야,

나와 함께 인생을 경축하길 바란다. 우리가 기대할 만한 놀라운 일이 많이 있으니 이생의 염려 때문에 네가 누구인지, 그리고 장래에 될 놀라운 일을 기뻐하지 못하는 일이 없었으면 좋겠다. 현재 슬픈 일들은 곧 지나가고 다가올 기쁨은 영원히 이어질 거야! 그러니 잠시 멈춰라. 우리가 누리는 사랑의 관계를 기념하는 행사를 나름대로 해보렴. 장차 거행될 우리의 영광스러운 결혼식을 상상하면서 그 아름다운 광경에 푹 젖어보자.

사랑한다.
너의 왕자이자 기쁨

환호하며 기뻐하는 소리와 신랑 신부가 즐거워하는 소리와 감사의 찬양 소리가 들릴 것이다. 주의 성전에서 감사의 제물을 바치는 사람들이 이렇게 찬양할 것이다. "너희는 만군의 주님께 감사하여라! 진실로 주님은 선하시며, 진실로 그의 인자하심 영원히 변함이 없다." _예레미야 33:11

Celebrate with Me

My Princess Bride

I want you to celebrate life with Me. There are so many amazing things we have to look forward to, so don't let this world keep you from celebrating who you are and the wonderful things to come, My beloved. The things that seem sorrowful now will soon be over, but the joys to come will last forever! So stop for a moment. Do something to celebrate the love relationship we have together. Imagine our great and glorious wedding day, and as you do, let your heart bask in the beauty to come.

Love,
Your Prince and Joy

The sounds of joy and gladness, the voices of bride and bridegroom, and the voices of those who bring thank offerings to the house of the LORD, saying, "Give thanks to the LORD Almighty, for the LORD is good; his love endures forever." _JEREMIAH 33:11 NIV

나와 함께 기뻐해라

나의 사랑하는 왕자님,

네, 서로에 대한 우리의 사랑을 기뻐할게요. 그대와 함께 인생을 경축하도록 상기시켜주셔서 감사합니다. 내가 누구인데 나에게 복을 주셔서 그대의 신부로 삼으셨습니까? 정말로 감사할 것이 너무 많습니다. 나를 향한 그대의 영원한 사랑을 기뻐하는 일을 내 마음이 잊지 않기를 바랍니다.

사랑합니다.
그대를 사랑하는 신부

주님, 힘을 떨치시면서 일어나 주십시오.
우리가 주님의 힘을 기리며 노래하겠습니다.
_시편 21:13

Celebrate with Me

My Beloved Prince

Yes, Lord, I will celebrate our love for each other. Thank You for reminding me to celebrate life with You. Who am I, that You would bless me to be Your Princess Bride? I do indeed have much to be thankful for. May my heart never forget to take time to celebrate Your everlasting love for me.

Love,
Your Bride who loves You

Rise up, O Lord, in all your power.
With music and singing we celebrate your mighty acts.
_PSALM 21:13

내가 너를 덮어주었다

나의 신부야,

내가 너를 내 피로 덮어주었다. 내 목숨을 다해 너를 사랑했다. 그런데 너는 너 자신을 그렇게 보지 않는구나. 네가 이제껏 행한 모든 잘못을 용서하려고 내가 궁극적인 대가를 치른 것이란다. 너는 흠이 없고 순결한 신부이다. 만일 네가 내 용서를 거부한다면, 나의 십자가 죽음이 너에게 충분치 않았다고 말하는 셈이지. 네가 용서를 구하면 나는 네 죄를 망각의 바다에 던져버리고 다시는 기억하지 않는단다. 이제는 구원받은 기쁨으로 춤을 춰라.… 네가 자유롭게 되었잖아!

사랑한다.
너의 왕자이자 순결

그러나 그가 찔린 것은 우리의 허물 때문이고, 그가 상처를 받은 것은 우리의 악함 때문이다. 그가 징계를 받음으로써 우리가 평화를 누리고, 그가 매를 맞음으로써 우리의 병이 나았다. _이사야서 53:5

I Have Covered You

My Princess Bride

I have covered you with My blood. I loved you with My life. I don't see you the way you see yourself. That is why I paid the ultimate price for any and all things that you have ever done. You are My spotless and pure Bride. Should you refuse to receive My forgiveness, My love, you are saying My death on the cross was not enough for you. When you ask forgiveness, I cast your sin in the sea of forgetfulness and remember it no more. Now dance with the joy of your salvation, My beauty, My Bride···because You are free!

Love,
Your Prince and Purity

But he was pierced for our transgressions, he was crushed for our iniquities; the punishment that brought us peace was upon him, and by his wounds we are healed. _ISAIAH 53:5 NIV

내가 너를 덮어주었다

나의 왕자님,

나의 모든 잘못을 용서하려고 그대의 목숨을 주셨고, 그대가 요구하는 바는 내가 새로운 날과 새로운 생명을 그대의 선물로 받는 것뿐입니다. 내가 행한 모든 죄악이 망각의 바다에 던져졌다는 것을 믿기가 너무 어려워요. 그대가 나를 너무나 사랑해서 그대의 피로 나의 얼룩을 깨끗이 지웠다니 어떻게 그런 일이 있을 수 있나요? 내가 그대의 용서를 진실로 받아들일 수 있도록 도와주십시오. 그리고 과거의 나를 뒤돌아보지 않기를 바랍니다. 남은 생애는 그대의 순결한 신부로 살아가고 싶습니다.

사랑합니다.
영원히 용서받은 그대의 신부

복되어라! 거역한 죄 용서받고 허물을 벗은 그 사람! 주님께서 죄 없는 자로 여겨주시는 그 사람! 마음에 속임수가 없는 그 사람! 그는 복되고 복되다! _시편 32:1~2

I Have Covered You

My Prince

You have given Your life for all my mistakes, and all You require in return is that I receive Your gift of a new day and a new life. It is so hard to believe that all I have ever done wrong is lost in Your sea of forgetfulness. How could You love me so immensely that You would cleanse my guilty stains with Your blood? Help me truly accept Your life-changing forgiveness. May I never look back again at who I was. May I walk the rest of my days as Your pure Princess Bride.

Love,
Your Bride
who is forever forgiven

Oh, what joy for those whose disobedience is forgiven, whose sin is put out of sight! Yes, what joy for those whose record the Lord has cleared of guilt, whose lives are lived in complete honesty! _PSALM 32:1–2

너는 나에게 매우 귀중하다

나의 귀중한 신부야,

네가 너의 가치를 의심할 때는 내 마음이 너무 아프다. 네가 얼마나 귀중한 사람인지를 알려주려고 내가 궁극적인 대가를 치렀단다. 사랑하는 사람아, 내가 목숨을 다해 너를 사랑했다. 네가 누군지 헷갈릴 때는 십자가를 쳐다보아라. 네가 무슨 행동이나 말을 하든지 너를 향한 나의 사랑은 변함이 없단다. 너는 나의 보석이다. 네게 내 목숨을 준 것은 너를 헛된 삶에서 해방하기 위해서였다. 내가 온 것은 나의 신부가 풍성한 삶을 살게 하기 위함이다. 이제는 너를 신뢰하지 말고 나를 신뢰하며 살아라.… 그러면 네가 얼마나 소중한 사람인지 알게 될 거야.

사랑한다.
너를 귀하게 여기는 왕자

당신들은 주 당신들의 하나님의 거룩한 백성입니다. 주님께서 땅 위에 있는 많은 백성 가운데서 당신들을 선택하여 자기의 귀중한 백성으로 삼으셨습니다. _신명기 14:2

You're Worth Everything to Me

My Priceless Bride

It breaks My heart when you doubt what you're worth. I paid the ultimate price to prove to you how valuable you are, My beloved. I have loved you with My life. Whenever you feel insecure about who you are, look to the cross. Nothing you could ever say or do in this life will change the way I feel for you. You are such a treasure to Me. I gave you My life to free you from a worthless life. I came that My Bride would live an abundant life. Walk now in My confidence, not yours⋯and you will begin to feel your true value.

Love,
Your Prince who values you

For you are a people holy to the Lord your God. Out of all the peoples on the face of the earth, the Lord has chosen you to be his treasured possession. _DEUTERONOMY 14:2 NIV

너는 나에게 매우 귀중하다

나의 주님,

그대가 나를 그대의 신부로 삼으려고 지불한 그 대가를 받아들이지 않은 나를 용서해주세요. 나는 그대의 신부가 될 자격이 없다고 느낄 때가 많습니다. 그대가 그대의 목숨을 나의 목숨과 바꿨다니 나는 도대체 누구인가요? 내가 마땅히 받아야 할 징벌을 그대가 받고 그 대신 그대의 것을 나에게 주셨다니 나는 누구인가요? 솔직히 말씀드리면, 그대가 나의 생명을 위해 얼마나 큰 대가를 치렀는지 나는 이해할 수 없습니다. 어쩌면 앞으로도 그럴지 몰라요. 하지만 세상의 구원자가 나를 사랑했다는 것만은 알아요. 그래서 내가 보석 같은 존재임을 느끼고 싶어요.

사랑합니다.
그대의 사랑을 귀하게 여기는 공주

너의 보물이 있는 곳에 너의 마음도 있을 것이다.
_마태복음 6:21

You're Worth Everything to Me

My Lord

Please forgive Me, My Prince, for not accepting the price You paid for me to become Your Bride. Sometimes I feel so unworthy of being Your Bride. Who am I that you would trade Your life for mine? Who am I that You would take the punishment I deserve and exchange it for what is rightfully Yours in heaven and on earth? To be honest, my Lord, I cannot quite grasp how much You paid for my life. Maybe I never will. One thing I know is I am loved by the Savior of the world, and may that be enough for me to feel like a treasure.

Love,
Your Princess
who values Your love

For where your treasure is, there your heart will be also.
_MATTHEW 6:21 NIV

내가 베일을 벗겨줄게
I Will Lift the Veil

나의 사랑하는 신부야,

네 눈에 베일이 덮여있다고 느낄 때가 종종 있다는 걸 나도 안다. 네가 이생에 대해 이해하지 못하는 것이 많이 있지. 그러나 언젠가 내가 그 베일을 벗겨줄 때는 너의 일평생에 대해 나의 계획과 목적이 있었다는 것을 알게 될 거란다. 언젠가 내가 네 뺨을 만지며 장차 네가 흘릴 마지막 눈물을 닦아줄 거야. 언젠가 너는 얼굴을 맞대고 나를 보게 될 것이고, 하늘과 땅이 더는 우리를 나눠놓지 않을 거야. 당분간은 나의 영이 너를 날마다 인도하고, 내가 돌아오는 날까지 내 천사들이 너를 지켜줄 것이다.

사랑한다.
너의 영원한 왕자

보아라, 내가 세상 끝날까지
항상 너희와 함께 있을 것이다.
_마태복음 28:20

My Beloved Bride

I know sometimes you feel as if there is a veil over your eyes. There are many things you won't understand about this life, but one day I will lift that veil, and you will see that I had a plan and a divine purpose for all you have walked through in this life. One day I will touch your cheek and wipe away the very last tear you will ever cry. One day you will see Me face to face, and heaven and earth will no longer keep us apart. For now, My beloved, I give you My Spirit to guide you every day, and I command My angels to stand guard over you until the day of My return.

Love,
Your eternal Prince

And be sure of this: I am with you always, even to the end of the age. _MATTHEW 28:20

내가 베일을 벗겨줄게
I Will Lift the Veil

나의 사랑하는 왕자님,

나를 그대의 자비로운 품에 숨겨주시고 나의 영에게 말씀해주십시오. "내가 여기에 있다"는 그대의 세미한 음성을 다시 듣고 싶습니다. 주변 사회가 점점 더 타락하고 있어서 나는 앞으로 도래할 현실을 얼핏 볼 필요가 있어요. 내가 성경을 읽을 때 그대가 나의 두려움을 내쫓는 것을 경험하게 도와주세요. 영원을 바라보며 살고 나의 희망을 다음 세대에 두고 싶은 마음이 간절합니다.

사랑합니다.
그대의 얼굴을 보고 싶은 신부

지금 우리는 거울에 비친 수수께끼 같은 모습을 보고 있지만, 언젠가 사물의 실상을 있는 그대로 보게 될 날이 옵니다! 지금 내가 아는 진리는 작은 조각일 뿐이지만, 하나님이 나를 아시는 것처럼 그 진리를 온전히 알 때가 옵니다. _고린도전서 13:12[필립스 성경]

My Beloved Prince

Please hide me in Your arms of mercy and speak to my spirit, Lord. I need to hear Your still voice once again whisper, "I am here." With all the decay of society I see all around me, I need a glimpse of what is to come. Remind me to be still and let You wash my fears away as I read your written Word. May I live a life driven by eternity and deposit hope into the next generation to come.

Love,
Your Bride who longs to see Your face

Now we see but a poor reflection as in a mirror; then we shall see face to face. Now I know in part; then I shall know fully, even as I am fully known.
_1 CORINTHIANS 13:12 NIV

네 속의 폭풍을 잔잔케 해줄게

사랑하는 신부야,

오직 나만이 네 마음의 은밀한 두려움을 알고 있단다. 이 생에서 몰아치는 폭풍이 두려울 때는 "잠잠하고 내가 하나님인 줄 알라"고 속삭이는 내 음성을 들어라. 눈을 감고 나에게 부르짖어라. 나는 평화의 왕이기 때문이다. 그러면 네 영혼 속의 폭풍을 잠재워주마. 너의 삶의 항해를 내게 맡겨보렴. 그때마다 너는 너의 선장인 나를 새삼 깨닫게 될 거야. 나를 신뢰해도 좋다. 내가 바다를 만들었고, 너에게 소망이 필요할 때는 내가 너의 등대란다.

사랑한다.
너의 왕자이자 구원자

여호와께서 광풍을 고요하게 하사
물결도 잔잔하게 하시는도다.
_시편 107:29(개역개정)

I Will Calm the Storm in You

My Beloved

I alone see the secret fears of your heart, My love. When you are fearful of the storms that rage in this life, hear Me whisper, "Be still and know that I am God." Close your eyes and call out to Me, for I am your Prince of Peace. I will calm the storm inside your soul. Every time you allow Me to navigate your life, you will be reminded that I am your Captain. You can count on Me. I made the seas, and I am your lighthouse when you need hope.

Love,
Your Prince and Savior

He stilled the storm to a whisper;
the waves of the sea were hushed. _PSALM 107:29 NIV

네 속의 폭풍을 잔잔케 해줄게

나의 왕자님,

그대가 항상 거기에 계심을 내가 알면서도 폭풍에 휩쓸리면 그 진리를 잊을 때가 많습니다. 내가 익사하고 있다고 느낄 때는 그대를 신뢰할 수 있도록 도와주세요. 내 영이 그대의 영과 연결되어 있어서 "내가 너를 구하려고 여기에 있다"는 그대의 음성을 듣고 싶습니다. 어떤 폭풍에서도 나를 구할 수 있는 전능한 구원자가 나에게 있다는 것을 기억하게 해주세요. 그대가 나의 구조대원이라 정말 감사합니다.

사랑합니다.
구원의 손길을 기대하는 신부

주 너의 하나님이 너와 함께 계신다. 구원을 베푸실 전능하신 하나님이시다. 너를 보고서 기뻐하고 반기시고, 너를 사랑으로 새롭게 해주시고 너를 보고서 노래하며 기뻐하실 것이다. _스바냐 3:17

I Will Calm the Storm in You

My Prince

Although I know You are always there, I must admit that too many times I have allowed Your truth to be drowned out by the storm I am in. I need You to help me trust You when I feel like I am drowning. May my spirit be so connected to Yours that I hear You whisper, "I am here to save you." I love knowing I have a mighty Savior who can and will save me from any and all storms. Thank You for being my lifesaver.

Love,
Your Princess who loves being saved by You

For the Lord your God is living among you. He is a mighty savior. He will take delight in you with gladness. With his love, he will calm all your fears. He will rejoice over you with joyful songs. _ZEPHANIAH 3:17

너에게 새로운 안목을 줄게

나의 신부야,

내가 네 마음과 영혼 속에 있는 문제를 단번에 해결하게 해다오. 네가 너를 보는 것처럼 나는 너를 보지 않는단다. 너는 너의 죄를 보고, 나는 용서받은 공주를 본다. 너는 과거의 너를 보고, 나는 장차 내가 씌워 줄 면류관을 받게 될 네 모습을 본다. 너는 너 자신에게 죄책감을 주고, 나는 너에게 은혜를 베푼다. 너는 너 자신을 과거에 묶어놓고, 나는 너에게 자유에 이르는 열쇠를 준다. 내가 보기에 너는 사랑스럽고, 네가 무슨 말이나 행동을 하든지 이 진리는 변함이 없을 거야. 네가 새로운 자아상을 갖도록 내가 죽었단다. 이제 이것을 네가 보도록 눈을 열어줄게.

사랑한다.
너의 왕자이자 새로운 생명

여호와께서 말씀하신다. "오너라. 우리 허심탄회하게 이야기해 보자. 너희 죄가 주홍 같을지라도 눈과 같이 희게 될 것이며 진홍같이 붉을지라도 양털처럼 될 것이다." _이사야서 1:18(현대인의 성경)

Let Me Give You New Sight

My Bride

Let Me settle something in your mind and soul once and for all, My Bride. I don't see you as you see yourself. You see your sin, and I see a forgiven princess. You see who you were, and I see who you will become as I crown you in My glory. You give yourself guilt, and I give you grace. You hold yourself hostage to your past, and I give you the key to freedom in Me. You are lovely in My eyes, and nothing you could say or do will change this truth. Now let Me open your eyes so you may see all I have died for, that you may have a new view of you!

Love,
Your Prince and New Life

"Come now, let's settle this," says the Lord. "Though your sins are like scarlet, I will make them as white as snow. Though they are red like crimson, I will make them as white as wool. _ISAIAH 1:18

너에게 새로운 안목을 줄게

나의 은혜로운 주님,

주님이 평화의 왕이고 나의 불안한 영혼이 쉴 곳이라서 감사합니다. 그래요, 나는 죄책감을 떨쳐버린 후 그대의 은혜를 받으려고 고심하곤 합니다. 제발 나의 눈을 열어주셔서 그대의 진리를 보게 해주세요. 그대는 십자가에서 "다 이루었다"라고 말씀하셨습니다. 그대가 갈보리에서 마지막 숨을 쉬면서 하신 그 말씀을 내가 기억하게 해주세요. 내가 과거의 감옥에서 영원히 떠나 오늘부터 나의 삶을 그대의 손에 맡기게 도와주세요.

사랑합니다.
이제는 뚜렷하게 보게 된 그대의 신부

이 기쁜 소식에는 오직 믿음으로만 하나님과 올바른 관계를 갖게 된다는 것이 나타나 있습니다. 이것은 성경에 "의로운 사람은 믿음으로 살 것이다"라고 쓰인 말씀과 같습니다.

_로마서 1:17(현대인의 성경)

Let Me Give You New Sight

My Gracious Lord

Thank You, Lord, that You are the Prince of Peace and my place of rest for my restless soul. Yes, You are right, Lord, I struggle to let go of guilt and receive Your grace. I do need You to open my eyes to Your truth. You said on the cross, "It is finished." May I remember the words You spoke as You took Your last breath at Calvary. May I leave the prison of my past forever and place my life in Your hands from this day forward.

Love,
Your Princess who now sees clearly

This Good News tells us how God makes us right in his sight. This is accomplished from start to finish by faith. As the Scriptures say, "It is through faith that a righteous person has life." _ROMANS 1:17

나와 함께 꿈을 꾸자

나의 사랑하는 신부야,

잠시 멈추고 눈을 감아라.… 나와 함께 꿈을 꾸자. 우리가 마침내 얼굴을 맞대고 서로를 보게 될 그 영광스러운 날에 대해 생각해봐라. 우리가 함께 영원의 세계를 기뻐하면서 수정 같은 바다를 따라 걸으며 나눌 대화와 부를 노래를 상상해봐라. 너의 예쁜 발을 위해 내가 깔아놓은 황금 길에 서 있는 네 모습을 상상해라. 잠잠히 있어라. 오늘, 네 마음속에 영원한 소망이 새롭게 피어나게 해주마. 천국은 한갓 꿈이 아니란다. 천국은 실재이다.

사랑한다.
너에 관해 꿈꾸기를 좋아하는 왕자

그러나 성경에 기록한 바 "눈으로 보지 못하고 귀로 듣지 못한 것들, 사람의 마음에 떠오르지 않은 것들을, 하나님께서는 자기를 사랑하는 사람들에게 마련해 주셨다" 한 것과 같습니다. _고린도전서 2:9

Dream with Me

My Beloved Bride

Stop for a moment and close your eyes⋯dream with Me. Think about that great and glorious day when we will finally see each other face to face. Imagine the talks we might have as we walk along the crystal sea and the songs we will sing as we celebrate eternity together. Imagine standing on the streets of gold I paved for your pretty feet. Be still, My precious one, and let me renew the eternal hope in your heart today. Heaven is not just a dream for you, My beloved. Heaven is reality.

Love,
Your Prince who loves dreaming about you

However, as it is written: "No eye has seen, no ear has heard, no mind has conceived what God has prepared for those who love him." _1 CORINTHIANS 2:9 NIV

나와 함께 꿈을 꾸자

나의 왕자님,

내가 앞으로 낙심할 때는 그대의 성령을 힘입어 눈을 감고 다가올 천국의 것들을 꿈꿀 수 있게 해주세요. 내가 그대의 아름다운 신부로 치장하는 그날을 얼마나 갈망하는지 모릅니다. 마침내 얼굴을 맞대고 그대를 보면 과연 어떤 느낌일까요! 더는 고통이 없는 곳에서 그대와 함께 걷는 것은 얼마나 감격스럽겠습니까. 다가올 것에 대해 상기시켜주셔서 감사해요. 좋아요, 그대와 함께 꿈을 꾸고 싶어요.

사랑합니다.
꿈꾸기를 좋아하는 그대의 공주

나는 또 거룩한 도성 새 예루살렘이 남편을 위하여 단장한 신부와 같이 차리고, 하나님께로부터 하늘에서 내려오는 것을 보았습니다.
_요한계시록 21:2

My Prince

When I get discouraged in the days to come, remind me by Your Holy Spirit to close my eyes and dream of heavenly things to come. How my heart longs for the day I am dressed as Your beautiful Bride. What it will feel like to finally see you face to face! How awesome it will be to walk with You in a place with no more pain. Thank You, my Prince, for reminding me of what is to come. Yes, I will dream with You!

Love,
Your Princess who loves to dream

And I saw the holy city, the new Jerusalem, coming down from God out of heaven like a bride beautifully dressed for her husband. _REVELATION 21:2

너는 영원한 기쁨을 알게 될 거야
You Will Know Everlasting Joy

나의 귀한 신부야,

네가 때때로 겪는 슬픔 때문에 마음이 얼마나 아픈지 나도 안다. 네 마음이 아플 때는 내 마음도 아프다는 것을 알아라. 하지만 항상 이렇지는 않을 거란다. 언젠가 내가 네 뺨을 만지며 마지막 흘린 눈물을 닦아줄 것이다. 그러나 지금은 네가 나의 손길이 필요한 사람들을 위해 기도하길 바란다. 내가 곧 거기에 갈 테니 그동안 희망의 끈을 놓지 말아라.

사랑한다.
너의 왕자이며 영원한 기쁨

그들의 눈에서 모든 눈물을 닦아 주실 것이니, 다시는 죽음이 없고, 슬픔도 울부짖음도 고통도 없을 것이다. 이전 것들이 다 사라져 버렸기 때문이다. _요한계시록 21:4

My Princess Bride

I know how much your heart breaks for the sorrows you sometimes see, My love. Please know that when your heart breaks, so does Mine. It won't always be this way, My beloved Bride. One day I will touch your cheek and wipe away the very last tear you will ever cry. But for now, I want you to pray for those in need of a touch from Me. Hold on to the hope that I will be there soon for My Bride!

Love,
Your Prince and everlasting Joy

He will wipe away every tear from their eyes, and there will be no more death or sorrow or crying or pain. All these things will be gone forever.
_REVELATION 21:4

너는 영원한 기쁨을 알게 될 거야
You Will Know Everlasting Joy

나의 왕자님,

내 눈에 비치는 광경 때문에 마음이 아플 때가 많고 때로는 무력감을 느낍니다. 사람들이 고난과 고통에서 벗어나는 모습을 보고 싶어요. 내 마음속에 영원한 소망이 새롭게 피어나게 해주세요. 이생의 역경 가운데서 그대의 말할 수 없는 기쁨을 나에게 주세요. 내가 다른 사람들에게 그대의 영원한 소망과 새로운 삶을 가져갈 수 있도록 나에게 열정을 부어주십시오. 내 눈을 장차 누릴 기쁨에 고정하도록 붙들어주세요. 아멘!

사랑합니다.
그대가 필요한 신부

주님께 속량 받은 사람들이 예루살렘으로 돌아올 것입니다. 그들이 기뻐 노래하며 시온에 이를 것입니다. 기쁨이 그들에게 영원히 머물고, 즐거움과 기쁨이 넘칠 것이니, 슬픔과 탄식이 사라질 것입니다.
_이사야서 51:11

My Prince

My heart does break from what I see, and sometimes I feel helpless. I long to see people free from suffering and pain. Renew the eternal hope in my heart, my Lord. Give me Your unspeakable joy in the midst of the hardships of this life. Give me the passion for people that I need to bring others your gift of everlasting hope and new life. Keep my eyes fixed on the joys to come. Amen!

Love,
Your Princess Bride who needs You

The ransomed of the Lord will return. They will enter Zion with singing; everlasting joy will crown their heads. Gladness and joy will overtake them, and sorrow and sighing will flee away.
_ISAIAH 51:11 NIV

나와 함께 음식을 먹자

나의 신부야,

나는 너와 함께 음식을 먹기를 바라면서 네 마음의 문을 두드리고 있다. 네가 문을 열면 내가 들어갈게. 너를 위해 진수성찬을 준비해놓았단다. 나의 초대를 받아들이겠니? 네가 완전히 만족할 때까지 너의 굶주린 영혼에 양식을 먹여주고 싶다. 내가 들어가서 너의 영과 너의 마음과 너의 몸에 영양분을 공급하게 해다오. 오직 나만이 그렇게 할 수 있단다.

사랑한다.
너의 왕자이자 진정한 만족

보아라. 내가 서서 문을 두드린다. 누구든지 내 목소리를 듣고 문을 열면, 내가 그 집에 들어가 그와 함께 먹고, 그는 나와 함께 먹을 것이다. _요한계시록 3:20[필립스 성경]

Dine with Me

My Bride

I am knocking at the door of your heart and hoping you will dine with Me. If you will open the door, I will come in. I prepared a feast for you, My beloved. Will you accept My invitation? I long to feed your hungry soul until you are completely satisfied. Let your Prince come in and nourish your spirit, your mind, and your body. I am the only one who truly can.

Love,
Your Prince and Satisfaction

Look! I stand at the door and knock. If you hear my voice and open the door, I will come in, and we will share a meal together as friends. _REVELATION 3:20

나와 함께 음식을 먹자

나의 주님,

좋아요. 그대의 초대를 받아들입니다. 오셔서 나의 굶주린 영혼에 양식을 먹여주세요. 그리고 내 마음의 문을 계속 두드려주십시오. 나는 날마다 그대와 함께 앉아야 할 절박한 상태라서 그래요. 그대와 함께 음식을 먹을 수 있는 특권을 주시니 큰 영광입니다. 제발 나의 굶주린 영혼을 만족시켜주세요, 주님. 이 세상에는 그대의 임재와 같은 것이 전혀 없습니다. 그대가 나의 갈증을 채워주시면 내 잔이 그대의 기쁨으로 넘쳐흐릅니다!

사랑합니다.
마음의 문을 열고 있는 그대의 공주

주님께서는 내 원수들이 보는 앞에서 내게 잔칫상을 차려 주시고, 내 머리에 기름 부으시어 나를 귀한 손님으로 맞아 주시니, 내 잔이 넘칩니다. _시편 23:5

Dine with Me

My Lord

Yes, my Prince, I accept Your invitation to dine. Come feed my hungry soul. Please never stop knocking at the door of my heart, because I desperately need to sit with You each day. I am so honored that You would give me the privilege to dine with You. Please feed my hungry soul, my Lord. There is nothing like Your presence here with me. My cup overflows with Your joy when You satisfy my thirst!

Love,
Your Princess who is opening the door

You prepare a table before me in the presence of my enemies. You anoint my head with oil; my cup overflows.
_PSALM 23:5 NIV

굿모닝, 내 사랑아

나의 신부야,

아침에 내 이름을 불러라. 그러면 "나는 너를 사랑한다"라는 속삭임을 들을 수 있을 거야. 나를 찾아라. 그러면 내가 네 곁에 있음을 느끼게 될 거야. 네가 나를 향해 손을 뻗을 때마다 내가 자비의 손을 내밀어줄게. 나의 자비는 아침마다 새롭단다. 내가 네 곁에 있다는 것을 느끼지 못할 때도 있을 거야. 그래도 나는 네 곁에 있단다. 너는 나의 사랑이기에 나는 절대로 너를 버리지 않을 거야. 세상이 차가울 때라도 나는 너를 따뜻하게 해줄 것이다. 이제는 네가 아침에 깰 때 내가 거기에 있는지 의심할 필요가 없다.

사랑한다.
너의 왕자이자 아침의 영광

주 야훼의 사랑 다함 없고 그 자비 가실 줄 몰라라. 그 사랑, 그 자비 아침마다 새롭고 그 신실하심 그지없어라. "나의 몫은 곧 야훼시라." 속으로 다짐하며 이 몸은 주를 기다리리라.

_예레미야애가 3:22~24 (공동번역)

Good Morning, My Love

My Bride

Call My name in the morning and you will hear Me whisper, "I love you." Seek me and you will feel My presence near you. Whenever you reach for Me, I will extend My hand of mercy to you, My love. My mercies are new every morning for you. Though at times it may feel I am not near you, I am. For you are My love and I will never forsake you. I will keep you warm when the world is cold. You never need to wonder again if I will be there in the morning when you awake.

Love,
Your Prince and Morning Glory

Because of the Lord's great love we are not consumed, for his compassions never fail. They are new every morning; great is your faithfulness. I say to myself, "The Lord is my portion; therefore I will wait for him."
_LAMENTATIONS 3:22–24 NIV

굿 모닝, 내 사랑아

굿 모닝, 나의 주님

그대를 사랑합니다. 오늘 특별한 방식으로 나에게 말씀해 주실래요? "사랑한다"는 그대의 세미한 음성을 듣고 싶어요. 오늘 아침 그대의 말씀이 주는 생수를 마시고 이날을 사랑받는 신부답게 살기를 원합니다. 얼굴을 맞대고 볼 수 없는 그대에게 내가 믿음으로 얘기하오니 오늘과 내일, 그리고 날마다 그대를 나의 삶 속으로 초대합니다.

사랑합니다.
아침마다 그대의 이름을 부르고 싶은 신부

주님, 새벽에 드리는 나의 기도를 들어주십시오. 새벽에 내가 주님께 나의 사정을 아뢰고 주님의 뜻을 기다리겠습니다. _시편 5:3

Good Morning, My Love

Good Morning, My Lord

I love You, my Prince. Will You speak to me in a distinctive way today? I so want to hear Your still voice express Your love for me. I want to be watered with Your Word this morning and walk through this day as the dearly cherished princess You say I am. Although it feels strange to speak to You when I can't see You face to face, I am talking to You in faith and inviting You into my day and all my tomorrows.

Love,
Your Bride
who is ready to be awakened

In the morning, O Lord, you hear my voice; in the morning I lay my requests before you and wait in expectation.
_PSALM 5:3 NIV

나를 떠나지 말아라

나의 공주야,

살기가 너무 힘들다고 나를 떠나지는 말아라. 네가 큰 상처를 받을 때는 나를 탓하고 싶어 한다는 걸 나도 안다. 네가 절망에 빠졌을 때 내가 사라졌다고 느끼면, 나에게 헌신한 마음을 지키기가 어렵겠지. 아무것도 변하지 않은 듯 보여도 나는 너를 위해 계속 일하고 있단다. 나는 언제나 내 손길을 너에게 뻗고 있다. 나만큼 너를 꼭 붙들어줄 수 있는 존재는 없다. 그러니 제발 내게서 달아나지 말아라. 내가 자비의 팔로 너를 안아주게 해다오.

사랑한다.
너를 추격하는 왕자

진실로 주님의 선하심과 인자하심이 내가 사는 날 동안 나를 따르리니, 나는 주님의 집으로 돌아가 영원히 그곳에서 살겠습니다. _시편 23:6

Don't Walk Away

My Princess

Please don't walk away from Me when life hits hard, My love. I know sometimes you hurt so badly, you want to blame Me. I understand how hard it is for you to keep your heart committed to Me, when you feel I have disappeared in the midst of your despair. I am here and I am working things out for you even when it seems as if nothing has changed. I have My hand on you and extended to you at all times. No one can hold you as close as I can. So don't run from Me, My love. Let Me hold you in My arms of mercy.

Love,
Your Prince and Pursuer

Surely your goodness and unfailing love will pursue me all the days of my life, and I will live in the house of the Lord forever. _PSALM 23:6

나를 떠나지 말아라

나의 왕자님,

나는 때때로 그대를 포함한 모든 것으로부터 달아나고 싶습니다. 내 삶에 그대가 없으면 길을 잃어버릴 테니 제발 나를 놓지 말아 주세요. 날마다 나를 뒤쫓아주세요. 내 마음이 그대에게서 멀어졌을 때도 그대가 나를 꼭 안아주길 갈망합니다. 밤낮으로 그대의 임재를 느끼게 해주세요. 내가 자신을 포기할 때에도 그대는 나를 포기하지 않으시니 정말 감사합니다.

사랑합니다.
도망치고픈 그대의 신부

주님, 주님께서 나의 간구를 들어주시기에 내가 주님을 사랑합니다.
나에게 귀를 기울여 주시니 내가 평생토록 기도하겠습니다.

_시편 116:1~2

Don't Walk Away

My Prince

Sometimes I want to run away from everything, including You, my Lord. I know I would be lost without You in my life, so please don't let me go. I need You to pursue me every day. I long for You to hold me close even when my heart is far from You. Let me experience Your presence day and night. Thank You for never giving up on me, my Lord, even when I have given up on myself.

Love,
Your "Runaway" Bride

I love the Lord because he hears my voice and my prayer for mercy. Because he bends down to listen, I will pray as long as I have breath! _PSALM 116:1-2

네 선물을 열어봐라
Open Your Gifts

나의 재능 있는 신부야,

내가 너에게 큰 기쁨과 목적의식을 안겨줄 선물을 네 영혼 속에 두었단다. 그 선물은 네 속에 묻혀있고 발견되기를 기다리고 있지. 주의가 산만해서 그 선물을 잊어버리거나 실망해서 놓치는 일이 없도록 해라. 네 마음을 내게 열고 영원한 남편으로부터 무언가를 받을 준비가 되면, 내가 너의 희망과 꿈의 포장을 푸는 법을 보여주고 네가 어떤 존재가 되도록 창조되었는지 가르쳐줄게. 나는 온갖 좋은 선물을 주는 자니 내가 말하는 것을 믿어도 좋다. 내가 너에게 주는 선물은 영원하고 고귀하단다.

사랑한다.
아낌없이 선물을 주는 왕자

여러분이 각자 받은 은혜의 선물이 무엇이든 간에 하나님의 여러 가지 은혜를 맡은 선한 관리인답게 서로를 섬기는 데 그것을 사용하십시오. _베드로전서 4:10 (현대인의 성경)

My Gifted Bride

I have placed a gift inside your soul that will bring you great joy and purpose. It's buried inside you, waiting to be discovered. Don't let it be swallowed up by daily distractions and drowned by disappointment. When you are ready to open your heart to Me and receive from your eternal Husband, I will show you how to unwrap your hopes and dreams and teach you to be who I made you to be. I am the giver of every good and perfect gift, so don't be afraid, My beloved, to believe what I say. The gift I offer you is everlasting and priceless.

Love,
Your Gift-giving Prince

Each of you has been blessed with one of God's many wonderful gifts to be used in the service of others. So use your gift well. _1 PETER 4:10 CEV

네 선물을 열어봐라
Open Your Gifts

나의 주님이자 왕자님,

그대의 신부가 여기에 있습니다. 그대가 내 속에 둔 선물을 열어주시길 기다리고 있습니다. 그대가 나에게 주신 선물이 무엇이든 간에 나는 그것을 그대의 나라를 넓히는 데 사용하고 싶어요. 나의 왕자님이 하늘에서 손을 내밀고 나에게 선물을 주신 것을 알고 있어요. 내가 그대의 선물을 거절하는 일이 절대로 없기를 바랍니다. 그리고 그대의 재림을 기다리는 동안 나를 향한 하나님의 뜻이 이뤄지기를 소원합니다.

사랑합니다.
하나의 선물이 되고 싶은 그대의 공주

주는 나에게 약속하신 모든 것을 이행하실 것입니다. 여호와여, 주의 사랑은 영원합니다. 주의 손으로 만든 나를 버리지 마소서.
_시편 138:8 [현대인의 성경]

My Lord and Prince

Here I am, Your Bride, waiting and ready to let You unwrap the gift You placed inside of me. I want to use whatever gift You have given me to further Your kingdom. I love knowing that my Prince has reached down from heaven and handed me a present. May I never reject what You have given, and may I fulfill my destiny as I wait for Your return.

Love,
Your Princess who wants to be a gift

The Lord will fulfill his purpose for me; your love, O Lord, endures forever—do not abandon the works of your hands. _PSALM 138:8 NIV

나는 항상 여기에 있었다

나의 영원한 신부야,

나는 항상 너를 알았고, 항상 너를 사랑했고, 항상 너와 함께 있었다. 네가 빚어질 때는 엄마의 배 속에 있는 너와 내가 함께 있었다. 네가 처음 숨을 쉬었을 때는 내가 너를 통해 숨 쉬고 있었다. 나는 너의 과거를 알고 너의 미래도 알고 있단다. 네가 인생의 계절을 통과할 때마다 내가 너와 함께 걸을 거야. 나는 지금 영적으로 너와 함께 있다. 나는 알파요 오메가다. 나는 언제나 너의 새로운 시작이요 너의 끝이다. 너는 나의 일부란다, 내 사랑아. 나는 너에게 행복한 삶을 선사할 너의 영원한 남편이다. 너를 사랑한다.

사랑을 담아,
너의 영원한 왕자

지금도 계시고 전에도 계셨고 앞으로 오실 전능하신 주 하나님께서 "나는 알파요 오메가다" 하고 말씀하십니다. _요한계시록 1:8

I Have Always Been Here

My Eternal Bride

I have always known you, always loved you, and always been with you. When you were formed, I was with you in your mother's womb. When you took your first breath, I was breathing through you. I know your past and I also know your future. I will walk you through every season of your life, My beloved. I am with you now in spirit. I am the Alpha and the Omega. I am all your new beginnings and your endings. You are part of Me, My love. I am your eternal Husband who will give you your "Happily Ever After." I love you.

Love,

Your Prince forever and always

"I am the Alpha and the Omega—the beginning and the end," says the Lord God. "I am the one who is, who always was, and who is still to come—the Almighty One."
_REVELATION 1:8

나는 항상 여기에 있었다

나의 왕자님,

그대가 나의 모든 과거에 계셨다는 것은 이해할 수 없어도 나의 모든 미래에 계실 거란 말씀을 들으니 내 심장이 두근거립니다. 나의 남은 생애 동안 그대와 함께할 것을 고대합니다. 나는 그대와 함께 웃고 또 울고 싶어요. 그대의 손이 나의 미래를 인도한다는 것만 알아도 큰 위로가 됩니다. 나는 이 땅에서 가장 축복받은 신부라는 느낌이 들어요.

사랑합니다.
그대와 사랑에 빠진 신부

보아라, 내가 곧 가겠다. 나는 각 사람에게 그 행위대로 갚아 주려고 상을 가지고 간다. 나는 알파며 오메가, 곧 처음이며 마지막이요, 시작이며 끝이다. _요한계시록 22:12-13

I Have Always Been Here

My Prince

My mind cannot grasp that You were in all my yesterdays, but my heart soars, knowing that You will be in all my tomorrows. I so look forward to sharing the rest of my life with You, my Prince. I want to laugh with You and cry with You. It brings me immense comfort knowing that You hold my future in the palm of Your hand. I feel like the most blessed bride on earth to be Yours.

Love,
Your Bride who is in love with You

Look, I am coming soon, bringing my reward with me to repay all people according to their deeds. I am the Alpha and the Omega, the First and the Last, the Beginning and the End. _REVELATION 22:12-13

너의 전부를 나에게 다오

나의 공주야,

너의 모든 것을 나에게 넘겨주겠니? 나는 절대 강요하진 않겠으나 네가 그렇게 선택하길 늘 바라고 있다. 남편인 내가 원하는 방식으로 너를 사랑할 기회를 다오. 나는 너의 영혼의 연인이란다. 네 마음을 열고 내가 너를 부드럽게 안아주도록 허락해주겠니? 나는 너의 온유한 마음을 사로잡아 내 마음속에서 꽃을 피우게 하고 싶다. 네가 나에게 쏙 빠져서 아무것도 우리를 갈라놓지 못하게 하고 싶다. 나와 함께 가자. 그러면 내가 너를 모든 면에서 온전한 사람으로 만들어줄게.

사랑한다.
언제까지나 기다릴 너의 왕자

예수가 그에게 대답했다. "네 마음을 다하고, 네 영혼을 다하고, 네 정신을 다하여 주 너의 하나님을 사랑해라. 이것이 첫째이자, 중요한 계명이다." _마태복음 22:37~38 [필립스 성경]

I Want All of You

My Princess

Will you surrender all of yourself to Me? I will never force you to, but I will always desire that you choose to. Please give Me, your Husband, a chance to love you the way I want to. I am the Lover of your soul. Won't you open your heart and let Me embrace you with My tender touch? I want to steal your tender heart from this world and let it flourish in Mine. I want you to get so lost in Me that nothing can separate us. Come away with Me, My beloved, and I will complete you in every way.

Love,
Your Prince who will wait as long as it takes!

Jesus replied: "Love the Lord your God with all your heart and with all your soul and with all your mind. This is the first and greatest commandment."
_MATTHEW 22:37–38 NIV

너의 전부를 나에게 다오

나의 왕자님,

주님을 사랑합니다. 그대는 내 영혼이 사랑하는 분입니다! 자기 목숨을 다해 나를 사랑하신 왕자님을 내가 어찌 사랑하지 않을 수 있겠습니까? 그대의 사랑은 참으로 과분하고 특별합니다. 그대와 같은 존재는 어디에도 없습니다. 아무도 그대처럼 내 마음을 사로잡을 수 없어요. 그대와 함께할 영원에 대해 생각하면 하늘의 별에게 키스할 수 있을 것만 같아요. 오늘부터 내 마음과 내 영혼과 내 지성을 그대에게 드립니다. 나를 향한 그대의 영원한 사랑에 푹 젖고 싶습니다.

사랑합니다.
나의 전부가 그대의 것인 신부

당신의 눈동자처럼, 이 몸 고이 간수해 주시고 당신의 날개 그늘 아래 숨겨주소서. _시편 17:8 (공동번역)

I Want All of You

My Prince

I do love You, Lord. You are the Lover of my soul! How could I not love a prince who loved me with His life? Your love is extravagant and extraordinary in every way. There is none like You. No one can capture my heart the way You do. When I think of eternity with You, I could almost kiss the stars. From this day forward, I give You my heart, my soul, and my mind. I am so ready to immerse myself in Your eternal love for me.

Love,
Your Princess Bride who is all Yours

Keep me as the apple of your eye; hide me in the shadow of your wings _PSALM 17:8 NIV

생명의 길을 보여줄게

나의 신부야,

나는 네가 풍성한 삶, 곧 신성한 목적으로 가득 찬 삶을 경험하게 하려고 왔단다. 나에게 푹 빠져라. 그러면 네가 갈망하는 진정한 행복을 찾게 될 거야. 나는 네 영혼을 기쁘게 할 장소로 너를 데려가려고 기다리는 중이다. 너의 길을 놓아두고 나의 길을 붙잡아라.

이제부터 너의 왕자가 너에게 진정한 삶의 길을 보여주게 해다오. 너는 나의 사람이니 나의 복을 받는 길을 걸어야 한단다. 이제 심호흡을 하고 네가 풍성한 삶을 달라고 부탁하면 내가 그런 삶을 선물로 줄 것이다.

사랑한다.
너의 왕자이자 기쁨

도둑은 오로지 훔치고, 죽이고, 파멸시키러 오지만, 나는 풍성한 삶을 주기 위해 왔습니다. _요한복음 10:10[필립스 성경]

I Will Show You Life!

My Bride

I came for you to experience a rich life, a life filled with divine purpose, a life like none other. Lose yourself in Me and you will find the true happiness your heart longs for. I am waiting to take you to places that will delight the depths of your soul. Let go of your ways and grab hold of Mine.

Starting now, let Your Prince show you the real way to live. You're Mine, and My Bride must walk blessed by Me. Now take a deep breath and receive the life-giving, soul-satisfying life that is yours for the asking!

Love,
Your Prince and Joy

The thief comes only to steal and kill and destroy; I have come that they may have life, and have it to the full.
_JOHN 10:10 NIV

생명의 길을 보여줄게

나의 왕자님,

나는 때때로 인생이 무의미하며 공허하다고 느낍니다. 그대가 원하는 삶을 영위하는 법을 나에게 보여주세요. 그대의 신부답게 산다는 것이 무슨 뜻인지 성령을 통해 가르쳐주세요. 나는 옛 자아를 내려놓고 갓 결혼한 신부처럼 될 준비가 되었습니다. 그대와 사랑에 빠져 생명력이 넘치는 그런 삶을 살고 싶어요.

사랑합니다.
진정한 삶을 살고 싶은 공주

주님께서 몸소 생명의 길을 나에게 보여주시니, 주님을 모시고 사는 삶에 기쁨이 넘칩니다. 주님께서 내 오른쪽에 계시니, 이 큰 즐거움이 영원토록 이어질 것입니다. _시편 16:11

I Will Show You Life!

My Prince

My life sometimes feels so meaningless and empty. Show me, my Prince, how to live the kind of life You have for me. I so need Your Holy Spirit to teach me what it means to live as Your Princess Bride. I am ready to leave the old me behind and become like a newly married bride, totally alive from being so in love⋯in love with You, my Lord. Amen!

Love,
Your Princess who is ready to live!

You will show me the way of life, granting me the joy of your presence and the pleasures of living with you forever. _PSALM 16:11

모두 너를 위한 것이다
It's All for You

나의 신부야,

나는 너를 즐겁게 하려고 하늘과 땅을 창조했단다. 그렇다, 세상은 네가 향유할 너의 것이다. 네 눈을 열고 주변을 돌아봐라. 너를 위해 내가 창조한 것들을 보아라. 너의 영혼을 적실 비, 네가 향기를 맡을 온갖 꽃들, 네게 굿 나잇 키스를 하는 황혼을 말이다. 네가 오를 산들도 주었단다. 너의 밤을 밝히려고 하늘에 별들도 두었다. 그렇다, 내 신부야, 이는 너를 위한 것이다. 이 순간 너의 즐거움을 위해 내가 창조한 그 아름다움을 마음껏 들이마셔라.

사랑한다.
너를 위해 오늘을 창조한 왕자

주님께서 너희를 번창하게 하여 주시고, 너희의 자손을 번창하게 하여 주시기를 바란다. 너희는 하늘과 땅을 지으신 주님에게서 복을 받은 사람이다. _시편 115:14~15

My Princess Bride

I created the heavens and the earth for your pleasure, My Bride. Yes, the world is yours to enjoy. Just open your eyes and take a look around you, My beloved. See what I created for you to enjoy—the rain to water your soul, the flowers for you to breathe in and smell their sweet aroma, the sunsets to kiss you good night. I gave you mountains to climb. I placed the stars in the heavens to light your nights. Yes, My Bride, this is for you. Take this moment and breathe in the blessed beauty I created for your pleasure, My Princess.

Love,

Your Prince who created this day for you

May the Lord richly bless both you and your children. May you be blessed by the Lord, who made heaven and earth. _PSALM 115:14-15

모두 너를 위한 것이다
It's All for You

나의 사랑하는 주님,

그대가 나를 위해 채색한 그 모든 황혼을 내가 놓쳤다고 생각하니 슬픈 마음이 듭니다. 꽃의 향기도 제대로 맡지 못하고 사랑을 속삭이는 바람도 그냥 지나칠 때가 많았습니다. 나의 세계에 너무 사로잡혀 그대의 세계에 깊이 들어가지 못한 것을 용서해주세요. 오늘부터는 그대와 함께 걷고 그대의 사랑을 표현하는 그 모든 것을 놓치지 않게 도와주세요.

사랑합니다.
그대를 찾기로 다짐하는 공주

하늘도 주의 것이며 땅도 주의 것입니다. 주께서 세계와 그 가운데 있는 모든 것을 만드셨습니다. _시편 89:11 (현대인의 성경)

My Beloved Lord

It saddens me as I reflect on all the sunsets You painted for me that I have missed. For the flowers I forgot to smell and the wind that whispered You loved me. Please forgive me, my Lord, for getting so caught up in my world that I have forgotten to enter into Yours. Yes, I will walk with You today, and may I never forget to appreciate another expression of Your love for me!

Love,
Your Princess who will look for You

The heavens are yours, and the earth is yours;
everything in the world is yours—you created it all.
_PSALM 89:11

너는 나의 보석이다

나의 신부야,

네가 왕족이라고 느끼지 못할 때가 많다는 것을 나도 안다. 그러나 너는 왕족이다. 너의 느낌이 네가 누군지를 알려주진 않는다. 너는 나의 보물이고 내가 사랑하는 사람이란다. 네 느낌은 날마다 변할지 몰라도 내 느낌은 절대로 변하지 않는다. 아무것도 너의 왕족 신분을 빼앗을 수 없다. 그 신분을 나의 피로 봉인했기 때문이다. 이제는 너의 신분에 걸맞게 행동해라. 그리고 너는 이와 같은 때를 다스리도록 내가 선택한 존재임을 다시는 의심하지 말아라.

사랑한다.
너를 선택한 왕자

그러나 여러분은 하나님이 '택하신 자손'이며, 그분의 '왕 같은 제사장', '거룩한 나라', '특별한 백성'입니다. 하나님의 백성을 불렀던 옛 호칭은 이제 모두 여러분 것입니다. 이제 여러분은 어둠에 있던 여러분을 놀라운 빛으로 불러내신 선한 그분을 알려야 합니다.

_베드로전서 2:9 [필립스 성경]

You Are My Crown Jewel

My Bride

I know there are many times you don't feel like you are royalty, My beloved, but you are. How you feel does not define who you are. You are My treasure and the love of My life. Every day your feelings may change, but Mine never will. Nothing can take away your royal position, for it is sealed by My blood. Now walk in your true identity and never doubt again that you are My chosen to reign for such a time as this, as My Princess Bride.

Love,
Your Prince who chose You

But you are a chosen people, a royal priesthood, a holy nation, a people belonging to God, that you may declare the praises of him who called you out of darkness into his wonderful light. _1 PETER 2:9 NIV

너는 나의 보석이다

나의 왕자님,

나 자신을 보잘것없는 인물로 생각했는데 "그대의 신부요 왕족"이라고 말씀하시니 그렇게 믿도록 도와주십시오. 그렇게 믿으려면 한동안 겹겹이 쌓인 거짓말을 벗겨내야 합니다. 오직 그대만이 나에게 새로운 마음을 주실 수 있습니다. 그래서 내가 그대의 진리의 빛 가운데 섰으니 그대의 손길로 나를 거짓에서 해방해주세요.

사랑합니다.
그대의 말씀을 믿고 싶은 신부

그릇된 길로 가지 않도록 나를 지켜 주십시오. 주님의 은혜로 주님의 법을 나에게 가르쳐 주십시오. 내가 성실한 길을 선택하고 내가 주님의 규례들을 언제나 명심하고 있습니다. _시편 119:29~30

You Are My Crown Jewel

My Prince

Lord, I need You to help me trade the lies I believe about myself for the truth of who You say I am, "Your Princess Bride." As much as I want to believe this about myself, many layers of lies must be peeled away. You alone are the only one who can give me a renewed mind. So here I stand in light of Your truth and ask for a sweet release by a touch from You.

Love,
Your Bride who longs to believe

Keep me from lying to myself; give me the privilege of knowing your instructions. I have chosen to be faithful.
_PSALM 119:29-30

너의 짐을 져줄게

나의 공주야,

내가 여기에 있다. 내가 너의 짐을 짊어지게 해다오. 내 어깨는 무척 튼튼해서 네게 너무 무거운 짐도 거뜬히 질 수 있단다. 나는 너의 영원한 남편이다. 그리고 너의 짐을 가볍게 해주려고 여기에 있다. 이제 너의 평안한 삶을 위해 내가 치워야 할 짐을 말해다오. 그것이 무엇이든지 내가 치워줄 수 있단다. 제발 너의 손을 펼치고 너의 염려를 나에게 맡겨라. 네가 피곤한 영혼에 쉼을 얻고 미소 짓는 모습을 다시 보고 싶구나!

사랑한다.
너의 튼튼한 왕자

수고하며 무거운 짐을 진 사람은 모두 내게로 오너라. 내가 너희를 쉬게 하겠다. _마태복음 11:28

Let Me Carry That for You

My Princess

I am here, My beloved. Now let Me carry your burdens for you. My shoulders are strong enough to hold all that is too heavy for you to carry on your own. I am your eternal Husband; I am in your life to lighten your load. Now tell your Prince what I need to take from you that you may pursue your life in peace. Whatever it is, My love, I can take it. Please open your hand and place your cares on Me. I want to give you some rest for your weary soul and see you smile again!

Love,
Your strong Prince

Come to me, all you who are weary and burdened, and I will give you rest. _MATTHEW 11:28 NIV

너의 짐을 져줄게

나의 왕자님,

내가 홀로 이 짐을 지려다 보니 내 영이 약해졌습니다. 제발 나의 짐을 치워주세요. 내가 그 짐들을 너무 오랫동안 짊어진 바람에 문제 더미에 깔린 듯이 느낍니다. 오셔서 나를 구출해주시고 이 무거운 짐을 치워주세요. 내가 약할 때도 그대는 그토록 강하신 것을 알려주셔서 감사합니다. 나의 짐을 가볍게 할 수 있는 법을 그대만큼 아는 분은 없습니다!

사랑합니다.
쉴 준비가 된 피곤한 공주

나는 마음이 온유하고 겸손하니, 내 멍에를 메고 나한테 배워라. 그리하면 너희는 마음에 쉼을 얻을 것이다. 내 멍에는 편하고, 내 짐은 가볍다. _마태복음 11:29~30

Let Me Carry That for You

My Prince of Peace

My spirit is weak from this load I have tried to carry alone. How I need You to take my burdens from me, my Lord. I have held them so long I feel like I am stuck under a pile of problems. Please come to my rescue and take this heavy load from Your Bride. What a blessing to know that You are so strong and mighty when I am weak. No one knows how to lighten my life better than You, my Prince!

Love,
Your tired Princess who is ready to rest

Take my yoke upon you and learn from me, for I am gentle and humble in heart, and you will find rest for your souls. For my yoke is easy and my burden is light.
_MATTHEW 11:29-30 NIV

나와 하나가 되어라

나의 신부야,

나는 너의 영혼의 연인이란다. 너의 주님과 하나가 되지 않겠니? 너의 생명을 내 속에 감출 준비가 되기까지 기다려줄게. 만일 나의 강렬한 사랑이 너의 영혼 속에 자리 잡도록 네가 허용한다면, 우리는 아름다운 춤과 같이, 하늘의 조화로 가득한 한 편의 멜로디와 같이 될 것이다. 나는 네게 가까이 가서 영원토록 함께 엮인 한 편의 노래, 한 몸이 되고 싶은데 그렇게 해주겠니? 네가 경험한 적이 없는 그런 사랑으로 너를 사랑하려고 나는 기다리고 있단다.

사랑한다.
너와 하나가 되고 싶은 왕자

도장 새기듯, 임의 마음에 나를 새기세요. 도장 새기듯, 임의 팔에 나를 새기세요. 사랑은 죽음처럼 강한 것, 사랑의 시샘은 저승처럼 잔혹한 것, 사랑은 타오르는 불길, 아무도 못 끄는 거센 불길입니다. 바닷물도 그 사랑의 불길 끄지 못하고, 강물도 그 불길 잡지 못합니다. 남자가 자기 집 재산을 다 바친다고 사랑을 얻을 수 있을까요? 오히려 웃음거리만 되고 말겠지요. _아가서 8:6~7

Become One with Me

My Bride

I am truly the Lover of your soul. Won't you allow yourself to become one with your Lord, My beloved? I will wait until you are ready to let your life become hidden in Me. If you will allow My intense love to settle into your soul, we will become like a beautiful dance, a single melody filled with heavenly harmony. Will you let Me close enough to become one song, one flesh, intertwined together for all eternity? I am here waiting to love you like you have never been loved before.

Love,
Your Prince who loves being one with You

Place me like a seal over your heart, like a seal on your arm. For love is as strong as death, its jealousy as enduring as the grave. Love flashes like fire, the brightest kind of flame. Many waters cannot quench love, nor can rivers drown it. If a man tried to buy love with all his wealth, his offer would be utterly scorned.
_SONG OF SOLOMON 8:6–7

나와 하나가 되어라

나의 왕자님,

그래요, 나는 지금 또 영원히 그대와 하나가 되고 싶어요. 나의 마음을 그대에게 양도하고 그대가 말한 영원한 언약으로 들어갑니다. 그대가 이끄는 대로 나는 갈 것이고, 그대가 머무는 곳에 나도 머물겠습니다. 그대의 길이 나의 길이 될 것입니다. 오늘부터 그대와 하나 되길 갈망합니다. 그대는 영원히 나의 하나님과 나의 영원한 남편이 될 거예요. 내가 그대의 신부가 되었다니 이 얼마나 큰 복인지요!

사랑합니다.
그대에게 푹 빠진 신부

너희는 주 하나님께 서원하고 그 서원을 지켜라. 사방에 있는 모든 민족들아, 마땅히 경외할 분에게 예물을 드려라. _시편 76:11

Become One with Me

My Prince

Yes! I want to become one with You now and forever, my Lord. I yield my heart to Yours and enter into this everlasting covenant that You speak of. For where You lead, I will go, and where You stay, I will stay. Your ways will become my ways. I long to become one with You from this day forward. You will forever and always be my God and my eternal Husband. How blessed am I to be Your Bride!

Love,
Your Bride who is lost in You

Make vows to the Lord your God, and keep them. Let everyone bring tribute to the Awesome One. _PSALM 76:11

너의 저택을 준비하고 있다
I Am Preparing Your Dream Home

나의 신부야,

네가 이 편지를 읽는 순간 나는 하늘에서 너의 저택을 준비하고 있단다. 아름다운 신부야, 내가 너를 데리고 그 영원한 거처에 들어갈 때 너의 얼굴을 볼 텐데, 그날이 몹시 기다려지는구나. 내가 너를 위해 준비하고 있는 이 장소는 네가 상상도 할 수 없는 곳이란다. 네가 마침내 나와 함께 집에 거할 그때는 우리가 황금보다 더 아름답게 포장된 거리에서 수정 같은 바다를 함께 걷게 될 거야. 우리가 영원히 함께할 삶을 기뻐할 때 천사들은 우리를 둘러싸고 노래를 부를 것이다.

사랑한다.
너의 영원한 건축가

하지만 기록된 대로 눈으로 보지 못한 것, 귀로 듣지 못한 것, 사람이 마음에 품지 못한 것, 그 모든 것을 하나님은 자기를 사랑하는 이들을 위해 준비해 두셨습니다. _고린도전서 2:9 [필립스 성경]

My Princess Bride

I am preparing your dream home in heaven right now as you read this letter. I can hardly wait to see your face when I carry you over the threshold and place you, My beautiful Bride, in your eternal dwelling place. This place your Prince is preparing for you is beyond anything you could imagine on your own. When you are finally home with Me, we will walk together by the crystal sea on streets paved more beautifully than the finest of gold. Angels will sing all around us as we celebrate life together forever.

Love,
Your eternal architect

However, as it is written: "No eye has seen, no ear has heard, no mind has conceived what God has prepared for those who love him."
_1 CORINTHIANS 2:9 NIV

너의 저택을 준비하고 있다
I Am Preparing Your Dream Home

나의 왕자님,

그대의 임재 속에 들어갈 때는 이미 집에 있는 듯한 느낌입니다. 그대가 나를 집으로 인도할 그날을 나도 고대하고 있습니다. 천사들이 기뻐하는 소리도 상상해봅니다. 그대가 친히 준비한 그 영원한 집에 거할 때 내 마음이 얼마나 감격스러울까요. 그대의 신부로서 내가 맞이할 그 놀라운 일을 생각하면 가슴이 벅차오릅니다. 나의 눈을 영원에 고정한 채 그 무엇에게도 그대를 위해 사는 기쁨을 빼앗기지 않기를 바랍니다.

사랑합니다.

집에 가고 싶은 그대의 영원한 신부

또 나는 새 하늘과 새 땅을 보았습니다. 전에 있던 하늘과 땅은 사라지고 바다도 없어졌습니다. 나는 거룩한 성 새 예루살렘이 하나님에게서부터 하늘에서 내려오는 것을 보았는데 마치 신부가 신랑을 위해 단장한 것 같았습니다. 그때 나는 보좌에서 큰 소리로 이렇게 말하는 것을 들었습니다. '이제 하나님의 집이 사람들과 함께 있다. 하나님께서 사람들과 함께 계시고 그들은 하나님의 백성이 될 것이다. 하나님이 몸소 그들과 함께 계셔서. _요한계시록 21:1~3 [현대인의 성경]

My Prince

It already feels like home when I enter into Your presence, my Prince. I too long for the day You will carry me home. I imagine the sound of the angels rejoicing. What my heart will feel when I am in my forever place that You personally prepared for me! I love meditating on the miraculous things I have to look forward to as Your Bride. May I keep my eyes fixed on eternity so the things of earth will never again steal my joy of living for You.

Love,

Your eternal Bride who longs to be home

Then I saw a new heaven and a new earth, for the old heaven and the old earth had disappeared. And the sea was also gone. And I saw the holy city, the new Jerusalem, coming down from God out of heaven like a bride beautifully dressed for her husband. _REVELATION 21:1-3

준비해라, 나의 신부야

나의 사랑하는 신부야,

이제는 나의 재림을 준비할 때가 되었다. 내가 너를 위해 곧 올 테고, 그 순간이 되면 너는 변화될 것이다. 마치 내일이 없는 것처럼 네가 살면 좋겠다. 네 마음과 생각은 나와 함께할 영원에 고정하길 바란다. 내가 요청하는 대로 네가 행하면 나를 맞을 준비가 될 거야. 이 땅의 어느 것도 영원하지 않지만 너를 향한 나의 사랑은 영원하다는 것을 약속한다. 내가 너와 함께 영원의 통로를 따라 걸을 때까지 너에게 겸손과 의義의 옷을 입혀주게 해다오.

사랑한다.
너의 영원한 남편

기뻐하고 즐거워하며 하나님께 영광을 돌리자. 어린 양의 혼인날이 이르렀다. 그의 신부는 단장을 끝냈다. _요한계시록 19:7

Get Ready, My Bride

My Princess Bride

The time is now, My beloved Bride, to get ready for My return. I will come quickly for you, and in that moment you will be changed. I want you to live as if there were no tomorrow. I want your heart and mind fixed on eternity with Me. If you will do as I request, you will be ready for Me when I come. I promise you this, Princess; nothing here on earth is everlasting but My love for you. Now let Me dress you in humility and clothe you in righteousness until I walk you down the aisle of eternity.

Love,
Your eternal Husband

Let us rejoice and be glad and give him glory! For the wedding of the Lamb has come, and his bride has made herself ready. _REVELATION 19:7 NIV

준비해라, 나의 신부야

나의 하나님, 나의 남편이여,

오늘 나는 "네", "그렇게 하겠습니다"라고 대답합니다. 우리의 결혼식을 준비해주십시오. 나는 그대를 나의 영원한 남편으로 맞이하고, 그대에 관해 아는 것을 사랑하고 아직 모르는 것은 신뢰합니다.

> 좋든 나쁘든
> 부유할 때나 가난할 때나
> 아플 때와 건강할 때
> 기쁠 때와 슬플 때
> 패배할 때와 승리할 때
> 풍부할 때와 부족할 때
> 오늘부터 죽음이 나를 그대의 품에 안겨줄 때까지
> 영원히 함께하기로 서약합니다

 사랑합니다. "네"라고 말하는 그대의 신부

보라! 하나님의 집이 사람들과 함께 있으니, 그분이 그들 가운데 거하실 것이다. 그들은 그분의 백성이 되고, 하나님은 친히 함께 계시면서 그들의 눈에서 눈물을 말끔히 닦아주실 것이다.

_요한계시록 21:3-4 [필립스 성경]

Get Ready, My Bride

My God, My Groom

Today I say, "I do" and "I will." Get ready for our royal wedding day. I take You, my eternal Husband, loving what I know of You and trusting what I do not yet know.

> For better or for worse, for richer or for poorer, in times of sickness and in times of health, in times of joy and in times of sorrow,
> in times of failure and in times of triumph, in times of plenty and in times of want, to have and to hold from this day forward until death places me in Your arms.
>
> Love,
> Your Princess Bride who says "I DO"

Now the dwelling of God is with men, and he will live with them. They will be his people, and God himself will be with them and be their God. He will wipe every tear from their eyes. _REVELATION 21:3-4 NIV

나가는 글

당신이 이 사랑의 편지들을 읽으면서 하나님의 사랑과 능력과 약속이 당신을 위한 것임을 깨달았기를 바란다. 그런데 이 책을 덮기 전에 당신이 왕이신 하나님을 개인적으로 아는지 자문해 보라고 꼭 권하고 싶다. 하나님의 사랑에 관한 글을 읽는다고 그분의 영원한 왕국에 들어갈 수 있는 것은 아니기 때문이다. 우리는 그분의 초대를 받아들이고 그분의 아들 예수 그리스도를 영접할 필요가 있다. 이제 나와 함께 다음 기도를 해서 당신이 장차 면류관을 받게 되기를 간절히 바란다.

> 사랑하는 하나님, 저는 더 이상 하나님 없이 살고 싶지 않습니다. 하나님께서 외아들을 보내셔서 나를 위해 죽게 하신 것을 믿습니다. 이제 예수 그리스도를 저의 주님과 왕으로 영접하고 싶습니다. 저는 죄인이고 구원자가 필요한 존재임을 고백합니다. 하나님이 주시는

값없는 영생의 선물을 받아들입니다. 하나님의 생명의 책에 저의 이름을 써 주셔서 감사합니다. 예수님의 이름을 믿는 믿음으로 기도합니다. 아멘.

당신이 이 기도를 진심으로 드렸다면 하늘의 천사들이 기뻐하고 하나님의 성령이 이제 당신 안에 계신다는 것을 알아라. 내가 이 땅에서 당신을 만날 영광을 갖지 못한다면 영원의 저편에서 당신과 함께 기뻐할 날을 고대한다. 그때까지 우리의 왕께서 당신과 그분의 동행에 복 주시길 기도한다.

사랑을 담아,
그리스도 안에서 자매가 된
세리 로즈

성령과 신부가 말합니다. "오십시오!"
이를 듣는 모든 이도 말합니다. "오십시오!"
목마른 이도 오고, 누구든 원하는 이는 생수를 선물로 받으십시오.
요한계시록 22:17 [필립스 성경]

영한대조
딸아, 너는 나의 신부란다

초판 1쇄 인쇄 2022년 3월 1일
초판 1쇄 발행 2022년 3월 15일

지은이 세리 로즈 세퍼드
옮긴이 홍병룡
펴낸이 정선숙

펴낸곳 협동조합 아바서원
등록 제 274251-0007344
주소 경기도 고양시 덕양구 삼원로51 원흥하이필드 지식산업센터 606호
전화 02-388-7944 **팩스** 02-389-7944
이메일 abbabooks@hanmail.net

© 협동조합 아바서원, 2022

ISBN 979-11-90376-53-2 03230

잘못 만들어진 책은 구입한 곳에서 교환해 드립니다.